THE LATTE FACTOR®
ラテ・ファクター

1日1杯のコーヒーで
人生を変えるお金の魔法

デヴィッド・バック
ジョン・デイビッド・マン
岡久悦子【訳】

双葉社

ラテ・ファクター

1日1杯のコーヒーで
人生を変えるお金の魔法

デヴィッド・バック
ジョン・デイビッド・マン
岡久悦子【訳】

THE LATTE FACTOR
by David Bach and John David Mann

Published by arrangement with Atria Books, a Division of Simon & Schuster, Inc.,
through Tuttle-Mori Agency, Inc., Tokyo

オプラ・ウィンフリーへ
——あなたのおかげで、人生を変えるトーク番組『オプラ・ウィンフリー・ショー』でラテ・ファクターを共有し、何千万人もの人に伝えることができました。

パウロ・コエーリョへ
——「デヴィッド、きみはこの本を書かなければならない」というあなたの言葉に背中を押され、やっと『ラテ・ファクター』を書き上げることができました。

アレイシア・ブラッドリー・バックへ
——きみは、この本を形にするというぼくの話に10年間ずっと耳を傾け、それが実現することをけっして疑いませんでした。

この3人には、どんなに感謝してもしきれません。

目次

第1章

オキュラス

月曜日の朝、いつもどおり通勤電車のLトレインに乗り込みながら、ゾーイはダブルショットのラテをひと口飲んで、あの写真のことを考えた。

ブルックリンから西に進み、さらに南下して降車駅のロウアー・マンハッタンへ向かう。その間40分、頭の中にはずっと写真のことがあったし、降りようとして無数の乗客とともに立ち上がったときも、やはり写真について考えた。

あの写真がどうしたっていうんだろう？

地下鉄のドアが開くと、ゾーイはあふれ出る通勤客の一滴となってフルトン・センターへ流れ込んだ。ここは、ロウアー・マンハッタンに乗り入れるほぼ全路線が合流するターミナル駅だ。人波に呑まれたままグレーのタイル張りの通路を進み、ワールドトレードセンターの下にあるだだっ広い空間に吐き出されたところで、ゾーイは足を止めた。立ち尽くすゾーイのまわりを大勢の人が通り過ぎていく。

ゾーイは洞窟のような天井をあおぎ見た。白い鋼《はがね》でできた巨鳥のあばら骨のように見える。9・11テロの焼け跡から蘇った不死鳥みたいだ。

この空間の広大さを噛みしめながら、ゾーイはふたたび歩きだした。180メートルにおよぶ純白のイタリア産大理石。ちょうど巨大な大聖堂の中にいるような感じがする。

これが、オキュラス。世界で最も有名な慰霊碑で、観光名所にもなっているグラウンドゼロへの玄関口だ。ゾーイは毎日ここを通る。正確に言うと、1日に二回。オフィスに向かうときと、家に帰るとき。でも、立ち止まってじっくり眺めたことは一度もなかった。

白大理石を張りつめた西コンコースの通路に入る。左手の側壁は長大なLEDの電光掲示板になっていて、長さはフットボール場ぐらいある。ふだんなら、目まぐるしく変わる広告や公共サービスの広報には目もくれず、さっさとエスカレーターを目指す。でも今日は、大スクリーン一面にぱっと浮かんだ映像に目を奪われて、ゾーイはいま一度歩みを止めた。

漁船の絵だった。乗組員と投網も描かれている。ゾーイの頭から離れない、あの写真にそっくりだ。ひとつだけ違うのは、この絵の船は、波止場で水に揺られているのではなくて、砂漠の真ん中に打ち上げられているところだった。

変だ、とゾーイは思った。変だ。妙に落ち着かない。

そのまま眺めていると、絵の上に巨大な文字が連なり、メッセージが刻まれた。


行き先がわかっていなければ、望まないところにたどり着くかも……。


次の瞬間、絵は溶けるように消え、別の広告が現れた。

ゾーイはふたたび歩きだした。

通路のつきあたりまで来てエスカレーターに乗る。二階上に行くと、日当たりのよいガラス張りの吹き抜けだ。ゾーイは外に出てウエスト・ストリートのほうに引き返し、まばゆい光の中を、オフィスのあるビルに向かって立った。ワン・ワールドトレードセンター。西半球でいちばん高い建物。ゾーイの1日はいつもこうして始まる。ゾーイは、ここに立ってこのビルを見上げるのが大好きだ。かくんと首を反らし、まっすぐ上を向いて、空に向かってそびえ立つタワーのてっぺんに目を凝らす。

でも今日は、心がどこか別のところにあった。

行き先がわかっていなければ、望まないところにたどり着くかも……。

あれは何かの広告だ。保険会社か車の会社。それとも、旅行アプリだったかも。はっきり思い出せない。たしか、ジェシカがあのキャッチコピーにかかわってたんじゃなかったっけ？　なんの広告であれ、ジェシカの担当だったはずだ。でも今朝は、どういうわけか、それがまっすぐ自分に向けられたメッセージのように感じられて、ゾーイの心にまとわりついた。

ちょうど、あの写真みたいだ。どうしても頭から離れないあの写真。

ふと、手にしたラテのことを思い出してひと口飲むと、すっかり冷たくなっていた。

いつもなら、ゾーイはこれからこの通りを渡ってビルの中に入り、エレベーターで33階のオフィスに向かうところだ。ところが、今日はいつものコースをはずれてしまった。ウエスト・ストリートを渡ったあと右に折れ、ワン・ワールドトレードに背を向けてリフレクティング・プールに向かって歩く。元はツインタワーがあったちょうどその場所につくられた、ふたつの巨大な四角い泉。黒大理石でできた低い壁に囲われ、壁の上面には無数の名前が刻まれている。

9・11メモリアル。同時多発テロで犠牲になった人たちの慰霊碑。

ゾーイはノースプールで立ち止まり、ざあざあと水が流れ落ちるのを見下ろした。大理石の表面に触れ、目に入った10人ほどの名前を読んでみる。こんなにもたくさん。

2001年9月のあの暗黒の日に、数千もの人がここで命を落としたのだ。あのとき、私は小学生だった。ゾーイがふと目を上げると、すぐ隣のブロックに、摩天楼を背に大きなあばら骨の翼を突き出しているオキュラスの姿が見えた。

どうして今日は、こう何もかもいつもと違って見えるんだろう？

行き先がわかっていなければ、望まないところにたどり着くかも……。

私が向かっているのは、いったいどこなんだろう？　いったい、どこにたどり着こうとしてるんだろう？

こんなこと、いままでちゃんと考えたことがあっただろうか？

ふと男が足を止め、腕時計をにらんだかと思うと慌てて立ち去った。ゾーイは我に返った。こんなことをしていたら遅刻してしまう。

ゾーイは、その場を離れ、ワン・ワールドトレードセンターのほうへ引き返そうとした。けれど、何かがゾーイを捉えて離さない。ゾーイは引き返すのをやめて、近くにあったコンクリートのベンチまで行って腰を下ろした。冷めたラテを手にしたゾーイのかたわらを、人の波が流れてゆく。観光客、会社へ向かう人、このあたりで暮らす人。ゾーイは、ほかの誰でもない、自分自身に向かってそっと語りかけた。

「私の人生、これでいいのかな？」

第2章
写真

33階でエレベーターから一歩踏み出した瞬間、ゾーイの怒涛《どとう》の1日が始まった。いつもどおりの月曜の朝だ。春季号の締め切りを金曜に控え、オフィスでは誰もがフル稼働の体制に入っている。記事や略歴、写真のキャプションが山ほど押し寄せ、早くしろとゾーイにせがむ。エクアドルでマウンテンバイクを乗りまわした話や、バルカン半島でワイン・テイスティングを満喫した話、著名な旅行家の名前で書かれたフォトエッセイ――こういう走り書きの原稿を整えて磨きをかけ、非の打ちどころのない、気のきいた文章にするのがゾーイの仕事だ。

　ゾーイは、ワン・ワールドトレードセンターにオフィスを構える大手の出版社で働いている。このビルは別名フリーダム・タワーという。なんだか皮肉な名前だな、とゾーイはいつも思う。仕事に追われる毎日を気に入ってはいるものの、ここで壁に囲まれてすごす時間が「自由」だとはとうてい思えない。この職に就けたのはありがたいけれど、残業はあたりまえだし、給料も、世間の人が思っているような華やかな額からはほど遠い。

　皮肉といえば、ゾーイの存在こそ皮肉そのものだ。27歳にもなって、しかも世界的に有名な旅行雑誌の編集補佐《アソシエート・エディター》をしているのに、一度もアメリカから出たことがない。それどころか、ミシシッピ川より西へ行ったこともないし、パスポートすら持っていないのだ。

　旅することなきトラベル・エディター。

　ゾーイはラップトップをデスクに置き、勢いよく開いた。会社のインターネットに接続すると、さっそく仕事に取りかかる。ゾーイの指がキーボードの上を駆けめぐる。

　ゾーイは、この混沌とした状況を心から楽しんでいた。正気とは思えない締め切り、土壇場での内容変更、粗削りの原稿を満足のいく文章に仕上げる難しさ。さっきまでのなんとなく落ち着かない気持ちを押しのけ、キーボードに向かうと、ゾーイはその場のリズムに吸い込まれていった。

「そろそろお腹がすいたんじゃない？」

ゾーイは、座ったまま背筋を伸ばし、首を回してこりをほぐした。もう1時？　ゾーイが振り向くと、パーティションで半分仕切られた仕事場の背後から、ボスがこちらを眺めている。

「仮想世界の旅行家だって、お腹はすくからね」

と、ボスが続けた。

ボスのバーバラは、この雑誌に携わるほかのスタッフみたいにあか抜けてもいなければ、流行に敏感でもない。ロウアー・マンハッタンという大都会の中で、田舎者のように見えるときもある。地方から出てきて、いつまで経っても新しい環境になじめずにいるおのぼりさん（要するに、ジェシカとほぼ正反対ということだ）。でも、バーバラは驚くほど頭が切れるし、自然に相手の気持ちになって考えることができる。上辺だけではわからない物事の本質を感じとる鋭い感覚も持ち合わせている。だからこそ、こんなにすばらしい編集長なんだろう。

6年前にここで働きはじめたとき、ゾーイの採用を決めたのはバーバラだ。ふたりはたちまち意気投合した。バーバラの期待する基準は高くて厳しい。そういう意味では「手強《てごわ》い」ボスだ。でも、バーバラは人に押しつけることはしない。どちらかというと、相手を引っぱる。みんな、バーバラが怖いのではなく、バーバラにがっかりされたくないのだ。

そしてゾーイは、バーバラをがっかりさせたことは一度もない。ゾーイは熱血編集者で、仕事の腕は確かだった。

「お腹ぺこぺこ」

ゾーイはそう答えると、ラップトップをスリープモードにして、バーバラの後を追った。エレベーターに乗り込んだふたりは、上階へランチを食べに行った。

マンハッタンのダウンタウンとハドソン川が見渡せる社内のカフェテリアからは、自由の女神がよく見える。広々とした空間と飾り気のない内装のせいで、マンハッタンのどこかハイエンドのランチスポットのように見える。働きだして間もないころ、ときどきここでセレブに出くわしては慌てたものだ。バーバラは簡素な漆器の弁当箱を持参していた。バーバラが弁当箱を慎重にそっと開けているあいだ、ゾーイはランチメニューにひととおり目をとおし、手の込んだチキンサラダを選んだ。キヌアにマルコナ・アーモンド、オーガニックのベビーリーフ入りだ。サラダをつつきながら、ゾーイはいま執筆中の記事について話そうとした。でも、あいにくおしゃべりは得意ではない。ふた言も話すと黙り込んでしまった。

短い沈黙のあと、バーバラがサンドイッチを口にして、ゾーイをじっと見た。

「今日はなんだか……調子がよくないみたいだけど、大丈夫？」

本当に、バーバラの洞察力は見事なものだ。ゾーイは今朝からつきまとう変な感じをなんとか拭《ぬぐ》い去ろうとしたのに、ボスはとっくにお見通しだった。ゾーイは静かに深呼吸をした。いったいどこから話せばいいのだろう。そもそも、ゾーイ自身にも原因がつかめていないのだ。

「妙な話だと思うかもしれませんが……」

ゾーイが切り出すと、バーバラはまたサンドイッチをほおばり、続けて、という素振りでうなずいた。

「朝、駅まで行く途中に、行きつけのコーヒーショップがあるんです。ちょうどウィリアムズバーグにあって……」

ゾーイが場所を説明しようとすると、バーバラがまたうなずいた。

「ヘレナズ・コーヒーね」

「知ってるんですか？」

バーバラはサンドイッチ越しにゾーイを見た。

「で、どうしたの？」

「えっと……それで、奥の壁に額に入った写真がかかってるんです。というか、額入りの写真はたくさんあるんですけど。あの店は写真であふれてますから。でも、私の言ってるのは、ある1枚の写真のことなんです」

ちょうど入り口のカウンターから見える写真。ゾーイは毎朝この場所でラテと朝食のマフィンができるのを待つ。軽食類はいつもできたてで、コーヒーのおいしさには定評があって、壁の写真は目を見張るほどすばらしい。ヘレナズはそういう店だ。

写真の説明をすると、ゾーイは黙々とサラダを口に運んだ。

「それで？」

少ししてから、バーバラが続きを促した。

「それで……ずっとその写真のことを考えてました。それだけです。なぜだかわからないんですけど」

わかりやすい文章を書くのが仕事なのに、いまのゾーイにはうまくそれができなかった。

「つまり、その写真がほしいのね？」

ゾーイはため息をついた。もちろん、ほしいに決まっている。

写っているのは、ごくふつうの風景だ。夜明けの小さな海辺の村。一条の陽の光が差し込んで宝石のように琥珀《こはく》色に輝く。手前では漁船の乗組員たちが船を出す準備をしている。

マジックアワーと呼ばれる時間だ。夜明け直後、赤い光が溶けだしそうになるあの瞬間。ゾーイには、それが何かの魔法のように感じられた。目に見えないエネルギーではちきれそうな、静まり返った瞬間が、絹の糸で永遠に留められている。

かなり大きな写真だった。たぶん、縦90センチ、横120センチくらい。とはいっても、細かいところまで見たことはない。写真の前まで行って、じっくり見てみるほどあの店で長居をしたことはないからだ。

毎朝、アパートメントを（いつもちょっと遅れて）出て、慌ててコーヒーショップに向かい、ダブルショットのラテとマフィンを受け取る。それから急ぎ足で駅まで歩き、なんとかLトレインに間に合ったと思ったら、あっという間にマンハッタン。支払いのあいだ、店内を見渡せるほどの余裕があったためしはない。

でも、そんなふうにちらっとしか見たことがなくても、あの写真にはいつも訴えかけてくる何かがあった。今朝はいつもより30秒長く留まって、じっくり眺めてみた——いつもより一歩か二歩近づいて。ほんの短い時間だったけれど、ゾーイの心に鮮明な印象を残すのには十分だった。

うちのリビングルームの壁に、この写真を飾るのにちょうどいいスペースがある。もっとも「リビングルーム」というのはたぶん大げさで、実際はリビング兼ダイニング兼ホームオフィスと言ったほうがいいかもしれない。ゾーイはいま、ルームメイトと一緒に窮屈なアパートメントで暮らしている。正直、あまりぱっとしない部屋だ。でも、太陽に照らされたあの広大な海辺の光景があれば、見違えるはずだ。

「どうしても手に入れたいってわけじゃないんです。ただ……」

ただ、なんだろう？　写真はゾーイの心をかき乱した。この気持ちはうまく表現できないし、ましてや人に説明するなんてとても無理だ。

「わかりません」

ゾーイは、この考えを打ち消すように首を振った。

「売り物かどうかもわからないんです。それに、もしそうだったとしても――」

それに続く言葉は、バーバラとゾーイが同時に発した。息もぴったり合っている。

「お金がないんです」

ゾーイの人生を歌った歌があったら、このフレーズがコーラスのように繰り返し出てくるだろう。歌詞は、ときに刺激的で、ときに冒険心に満ち、ときに瞑想的ですらある。学校に戻って勉強できたらなあ。アメリカ南西部をまわれたらなあ。ヨーロッパの旅ができたらなあ。本物のベッドルームのある部屋で、執筆やヨガができたらなあ――けれど、どの歌詞も必ず同じフレーズに戻ってくる――でも、お金がないんです。

そして、実際無理な話なのだ。ブルックリン暮らしは、マンハッタンほどではないにしても、とてもお金がかかる。そのうえ、ゾーイには学生ローンがまだ残っていて、それが50キロのレンガが詰まったバックパックのように重くのしかかってくる。車のいらない街中で暮らせるのはありがたかった。もし車なんて持っていたら、いまごろ差し押さえられているだろう。車だって？ 笑っちゃう。このままいけば、たぶん、サマータイムが始まる前に、自転車まで差し押さえられてしまう。

　ゾーイは言葉の扱いには長《た》けているし、確かな審美眼も持っている。でも、数字に関しては、ゾーイの得意とするところではない。おまけに、お金の話にはめっぽう弱い。子どものころからずっとそうだ。母親にせっつかれて家計簿をつけてみたこともあったが、さんざんな結果に終わった。「予算」という単語は、おそらくゾーイと最も相性の悪い言葉なのだ。

　仕事に関しては、これでもかというほど用意周到で成果も上げられるのに、自分のお金のこととなると自制心ゼロ。それが彼女のありのままの姿だった。もう3月になるというのに、去年のクリスマスに使ったクレジットカードの支払いがのしかかっている。家族や友達のプレゼントを買った分だ。たぶん、おととしの分も入っているはず。時間をとって明細を確認すればわかるだろう。利子に利子がついて、そのまた利子がついて。

たしかにゾーイはこの仕事が好きで、実力もある。でも、収支の帳尻がほとんど合っていないことは認めざるをえない。はっきり言って、まったく合っていない。というか、収入と支出が部屋の隅と隅にいて、ときおりちらっと目を合わせるのが精いっぱいのありさまだ。「その日暮らし」のイメージキャラクターというのがあれば、自分はまさに適役だろう――ゾーイはそう思っていた。

もし売り物だとしたら、あの写真はいくらするんだろう？　５００ドル？　８００ドル？　それとも１０００ドル？　少なくとも、気軽に払えるような額ではないことは確かだった。

「ヘンリーと話してみるといいわ」

ゾーイはバーバラの声で我に返った。

「ヘンリー？」

「年配のほうの人。朝、いつもコーヒーを淹《い》れてるでしょ？　あれがヘンリー」

一瞬、バーバラが何を言っているのかわからなかった。

「コーヒーショップのことですか？　ヘレナズのバリスタと知り合いなんですか？」

バーバラは席を立ち、空になった弁当箱にふたをした。

「もう何年も前からね。あの店へ行ってヘンリーと話すといいわ」

バーバラは少し考えてからこう続けた。

「彼は、普通の人とは違う見方をする人だから」

「バリスタに話しかけて、なんて言えば……？」

バーバラはトレードマークの能面の顔になった。何もかもわかっているのに何も言わない、いつものあの顔だ。

「ただ話せばいいの。その写真が大好きだって。それで、あの人がなんていうか聞いてみるといいわ」

ゾーイは眉をひそめた。

「大丈夫よ」とバーバラは言った。「とても才覚のある人だから」

「で、その人が具体的に何をしてくれるんですか？　当選する宝くじを引いてくれるとか？」

バーバラは肩をすくめた。

「たぶん、それはないわね。でもあなた、自分で言ったわよね。お金がないんですって。

そのせいで困ってるんでしょ？　違う？」

ゾーイは返す言葉がなかった。そのとおりだ。さすがバーバラ。

「だったら……なんとかしたら？　ヘンリーと話してみなさい」


デスクへ戻る途中、ゾーイは一抹の罪悪感を覚えていた。本当に頭から離れないことをバーバラに言わなかったからだ。頭を悩ませているのは、写真のことだけじゃない。別の理由もあった。

代理店の仕事。

２週間前の金曜日、大学時代のルームメイト、ジェシカと飲んだときのことだ。ジェシカが自分の勤めているアップタウンの広告代理店に仕事の空きがあると教えてくれた。

「ゾーイ、あなたは働き者だし、頭もいいし、すっごく腕利きのライター。そのうえ、みんなに好かれてる。あなたなら完璧よ」

それで先々週、ゾーイはアップタウンへ行って面接を受けてきたのだ。その夜、ジェシカが電話で、どうやらゾーイが本命らしいと教えてくれた。

「掃いて捨てるほど応募があったのよ。でもね、ゾーイ。あなたは場外ホームランをかっ飛ばしたの」

ジェシカの言ったとおり、先週の金曜日に代理店から電話があって、正式に第一候補だと告げられた。引き受けるかどうかはゾーイしだい。もしオファーを受ければ、給料はいまよりずっと高くなる。そしてそれは、いま以上にストレスを抱え、スケジュールも苛酷になることを意味していた。ちっとも心躍る話じゃない――でも、あの代理店の給料なら、いまの状況を立て直せるだろう。

この件について、ゾーイは週末もう一度母と話し合った。ゾーイの母親は転職の話にあまり乗り気ではない。

「ねえゾーイ、いまあるもので満足しなきゃだめよ。それに、お金じゃ幸せになれないわ」

お金じゃ幸せになれない――子どものころから何度この言葉を聞かされただろう。

めずらしいことに、母親に続いて父親まで電話に出てきた。「よく考えなさい、ゾーイ」と父は言った。父の言わんとすることはわかっていた。面と向かって「やれ」とは言わないが、でもまあやったほうがいいんじゃないか、という意味だ。

ゾーイの父は、ゼネコンの社員としてそれなりの額を稼いでいたが、体調を崩してからは建材会社でデスクワークをしている。給料はずっと安い（それに、ずっとつまらなそうな）仕事ではあるけれど、両親はなんとかやっている。最近、母の声がいつにも増して疲れて聞こえる。〝いまあるもので満足しなきゃ〟。両親は不幸ではない――それは確かだ。

でも、本当に幸せだと言えるのだろうか？

そして、私自身はどうなんだろう？

ゾーイはいま一度、今朝オキュラスで見たあの奇妙な映像を思い浮かべた。砂漠の真ん中に打ち上げられた船。行き先がわかっていなければ……。

アップタウンの代理店からは、いまの仕事を辞める段取りをつけて、正式にこの話を受けると決めるまで1週間の猶予をもらった。つまり、この仕事を受けるなら金曜日までに正式な返事をしなければならない。それがすんだら、ジェシカとふたり、金曜日恒例の仕事じまいの飲み会で転職祝いだ。

仮にほかの道があるとしたら、いまの給料でやりくりしつつ、昇進の機会を待つことくらいだ。おそらく、仕事のあとや週末の時間を使ってフリーランスの執筆や編集の仕事をもっと引き受けなければならないだろう。もちろん、毎日持ち帰る仕事も続けながら——どう考えても、心躍る話じゃない。

でも、ほかにどんな選択肢があるというのだろう？

第3章
自分で思っているよりリッチ

「なんとかしたら？」とバーバラに言われ、ゾーイは翌朝行動を起こした。仕事に行く支度をして、いつもより15分早くアパートメントを出る。バーバラの言うようにバリスタと話したところで、何かが変わるとは思えない。でも、いつもより長い時間ヘレナズ・コーヒーにいれば、そのぶんあの写真をじっくり眺められるだろう。

注文を終えて列に並び、ダブルショットのラテを受け取ったゾーイは、店内をじっくりと、くまなく見てまわった。むき出しのレンガ、丸天井（黒く塗っているので何もない空間に見える）、自然光の電球を使った大きなペンダントランプ、絶妙な加減で照らされた大きな写真が壁を飾る様子は、ブルックリンのアートギャラリーを思わせる。現代的なのにどこか昔風な感じがする。

ゾーイは、写真を順番に眺めながら、コーヒーショップの店内を壁に沿ってぐるりと一周した。息を呑むようなパノラマの数々。雪に覆われた山頂。荒れ狂う川の水しぶきを捉えた瞬間。広大な森林地帯。雑誌の仕事で見たことのある場所もある。万里の長城。イタリアのピエモンテにある家族経営の葡萄《ぶどう》園で働く若者たち。ペルーの熱帯雨林にいる色鮮やかなコンゴウインコの群れ。

どれも目を奪われるような写真ばかりだ。でも、ゾーイは足を止めず、例の写真にたどり着いた。

そう。この写真だ。ゾーイは2メートルほど離れたところに立って、穴が開くほど写真を見つめた。

目を見張るような光景ではない――少なくとも、表面上はそう見えない。夜明けの海辺の村。右側に見える小さな漁船は漁に出る準備をしている。小さな入り江を村人が行き交い、いそいそと日課をこなしている。

いったい、この写真の何がこんなに気にかかるんだろう？

二、三歩近寄ってみると、ちょうど右下の角に小さなラベルが貼ってあるのがわかった。値札がついている。見ると、1200ドルと書いてあった。

ゾーイの心は沈んだ。写真にしては高額だ。でも、それだけの価値があるのは間違いない。それに1200ドルは長い目で見ればたいした額じゃない。ひと月分の家賃よりも安いのだ。その気になれば買える――でも、これだけのお金が銀行口座にあって、やりたいことに使えたのはいつのことだろう？

ああ、そうだ。ゾーイは思い出した。そんなこと、あったためしがない。

ゾーイは腰を屈めて、もう一度ラベルを見た。どこで撮られた写真か確かめようと思ったのだ。でも、ラベルには書いてなかった。値段以外に書いてある情報は、写真のタイトルだけだ。たった一語だけ。カギかっこがついている。

「イエス」

イ、イ、イエス。海辺の村の写真につけるタイトルにしては変な感じがする。いったい何がイエスなんだろう？　でも、もう一度見直すと、まさに「イエス」だという気がしてきた。どこで撮ったんだろう？　たぶん、ギリシャの島のはずだ。「どこなの？」とゾーイはつぶやいた。「ロードス？　サントリーニ？」いや、違う。「クレタ？」

「ミコノス」

あまりに耳の近くで声がしたので、ゾーイはびくっとしてラテをこぼしそうになった。

「すまない。こっそり近づいたわけじゃないんだ。ずいぶん、熱心に見入ってたからね」

男性は目線で写真を示してこう言った。

「その写真が気になるのかい？」

ゾーイはうなずいた。

「きれいですね。あの光がなんともいえない……まさに〝イエス〟ですね」

ゾーイはラベルを示して言い添えた。年配の男性はひとしきりラベルを見つめてからうなずいた。ゾーイは片手を差し出した。

「ゾーイです。ゾーイ・ダニエルズ」

ゾーイは男性と握手を交わした。手の皮膚がひんやり乾いていて、きめの細かいキャンバス地みたいだ。

「ヘンリー・ハイドン」と男性は名乗り、「作曲家と同じ名前だよ。あんなに有名じゃないけどね」とつけ加えた。

「ヘンリー」

ゾーイは繰り返した。ああ、そうだ。この人だ。ボスの言ってたバリスタ。

「もしかしたら、自分が思ってるより有名かもしれませんよ」

ほう？　とでも言うように男性は首をかしげた。

「うちのボスに言われたんです。ここに来て、ヘンリーっていう人と話すといいって」

「なるほど。でも、いったい何について？」

ゾーイは答えようとして開けた口をまた閉じると、ヘンリーに向かって笑いかけた。

「それが……さっぱりわからないんです」

ヘンリーは笑みを浮かべ、写真を見てうなずいた。

「この写真に惹かれる人はそんなに多くない。たいてい、もっとドラマチックな写真のほうが人気があるからね。山とか、渓谷とか、急流とか、そういうの」

そのとおりだ、とゾーイも思った。

「でも、これはなんていうか、すごく……生きてるって感じがします」

ヘンリーはうなずいた。

「ぼくは、ここにある写真の中でいちばん気に入ってるんだ」

ゾーイは、その場でゆっくりと回転して店内を見まわすと、ヘンリーのほうに向き直った。

「私もです」

ヘンリーはまた首をかしげた。

「だったら……まだ買い手はついてないよ」

ゾーイは声を立てて笑った。

「買えたらいいんですけどね！　でも、残念ながら……お金がないんです」

ヘンリーはゾーイの手にしたラテを見ながらうなずいた。

「そのラテが買えるんだったら、この写真だって買えるよ」

そう言うと、ヘンリーは首を反らして壁を示した。

「え？」

思わず声が出た。聞き違いだろうか？　言ってることが全然わからない。

「ひょっとしたら、きみは自分で思ってるよりリッチかもしれないよ」

ゾーイは困ったような笑みを浮かべた。なんて変なこと言うんだろう。でも、たしかにエネルギーがあって、感じのいい人だ。

「とてもいい考えですね。でも、ほんとに、ただ見てるだけなんです」

ゾーイはまた前屈みになって写真に近寄ると、つぶさに背景を確かめた。石畳の路地、白漆喰《しろしっくい》の家、ロイヤルブルーに塗られたドアや鎧戸《よろいど》。

「ミコノス島……だと思いますか？」

ヘンリーも前屈みになると、ゆっくりうなずいた。

「そうだね」

「すごく、きれい」

ゾーイはため息をついた。

「ほんとはね、こう思うんです」

独り言でも言うように、ゾーイはそっとつぶやいた。

「ここにいられたらなあって。潮の香りをかいで、カモメの声を聞いて。自分の目と耳でこの景色を何もかも吸い込んで」

ゾーイはふたたび背筋を伸ばし、意識して笑うと、いつもの声に戻って言った。

「まあ、どうやったって無理なんですけどね。まったくもって、問題外です」

「まったくもって、問題外か」

ゆっくり思案するようにそう言ったあと、ヘンリーはゾーイのほうを見て首をかしげた。

「それは問題によると思うんだけど、違うかな？」

ゾーイにはどう答えればいいのかわからなかった。

「写真が好きみたいだけど、きみは〝オキュラス〟っていう言葉を知ってるかい？」

とヘンリーは言った。

「フルトン・センターのそばの？　実は、これからあそこに行くところなんです」

「いや、違う。あの建物のことじゃない。写真撮影で使われる言葉だよ」

ゾーイは怪訝《けげん》な顔をした。

「オキュラス」

とヘンリーは繰り返した。

「オキュラスっていうのは、立ち位置を定めること。どこに立つか、そして、そこから何が見えるか。それが、自分の思い描く絵を組み立てる鍵になる。自分が求める全体像をつくり出すからね。ぼくの言ってること、わかるかな？」

うなずいてはみたものの、正直言って、ゾーイはちっともわかった気がしなかった。

彼はさらに続ける。

「写真の世界では、オキュラスはカメラを据える位置のことだ。ラテン語で〝眼〟を意味する。誰のものでもない、自分の眼だ。最初に絵を見るのは、心の眼、つまり自分のオキュラスだからね」

「そうですね」

そう答えてはみたものの、ゾーイはオキュラスの意味を考えたことなど一度もなかった。

ヘンリーはさらにこうつけ加えた。

「いまのは写真撮影の話だけど、これはほかのことにも、もちろんあてはまる。これから何かを書こうとしているときにも、どこかに旅立とうとしているときにも。あるいは、1、2時間後にやってくる友達をもてなすために、キッチンで料理をしているときにもね。肝心なのは、いま立っている場所には三つのものがあるってことだ。自分と、レンズと、世界。きみなら何をつくり出す？」

……バーバラはなんて言ってたっけ？　才覚のある人。ゾーイに浮かんだのは「風変わり」という言葉だった。でも、感じがいい。紳士的で、間違いなく昔かたぎな人だ。まさにこのコーヒーショップみたいに。

ヘンリー・ハイドンは、入り口のほうにちらっと目をやり、手伝いがいらないか確かめているようだった。カウンターの向こうにいるのは、ひげを伸ばしてビーニー帽をかぶった、いかにもブルックリンらしい今風の若者だ。ヘンリーの視線に気づいて、こちらに声をかけてきた。

「大丈夫です、ヘンリー。こっちは問題ありません」

ヘンリーはゾーイのほうを向くと、あごをしゃくって店の隅にある小さなハイテーブルを示した。

「ちょっと話さないかい？」

ゾーイはにっこりして答えた。

「ぜひ」

ゾーイがヘンリーについていくと、小さなテーブルがあった。ふたりは、それぞれ背の高いスツールに腰かけた。テーブルの上には使い込んだモレスキンのノートがあって、ヘンリーはそれを手に取り、ぱっと開くと、上着のポケットから製図用のシャープペンを取り出してスケッチを始めた。開いたページの上をヘンリーの手がさらさらと動く。数秒後、ヘンリーはゾーイにも見えるようにノートの向きを変えた。

墓地と墓石の絵だった。墓石には整った文字でこう書いてある。

ゾーイ・ダニエルズ
??年生――??年没

「これが、きみの生涯の終わりだとしよう」

「そうですか」とゾーイはそっけなく言った。「こんなに若くして死ぬなんて、つらいですね」

ヘンリーはくすりと笑った。

「合わせてほしいな。これから、ふたりできみの墓碑銘を書くところだとしよう。それをきみのオキュラスと呼ぶんだ」

そう言って、ヘンリーはシャープペンでスケッチをとんとん叩いた。

「ここが、いまきみの立っているところだ。きみが描きあげた、人生という絵を思い起こしている。さて、どんな景色が見えるかな」

ゾーイは息を呑んだ。

ずっと言葉にできずにいたけれど、いまヘンリーの言ったことこそ、まさにこの数日間ゾーイをずっと悩ませてきたことだ。私の一生の景色はどんなふうに見えるんだろう？

ゾーイにはわからなかった。

行き先がわかっていなければ、望まないところにたどり着くかも……。

「ほらね？」

とヘンリーは言った。

「絵はまず自分の心の眼に映るだろう。写すより先に。その絵が、あらゆることの出発点なんだ。その絵がいつもきみを導いてくれる。きみのオキュラスだ」

ゾーイの携帯が鳴った。ちらっと下を向く。早朝から働いている、やる気満々のインターンからのメールだった。どの校閲から始めたらいいかと言っている。

「仕事に行く時間かな？」

ヘンリーが気を利かせてそう尋ねた。

「そうですね、もう行かなきゃ」

ゾーイは、申しわけなさそうに答えた。

「どうもありがとう。えーと、その……おしゃべりを」

それ以外になんて表現すればいいのだろう？　アートのレッスン？　ものの見方に関する注意事項？

「話せてよかったよ」

ゾーイが立ち上がってドアのほうへ行こうとすると、ヘンリーが声をかけた。

「気が向いたら、また来るといい」


ゾーイが33階に到着すると、オフィスではすでに締め切り前の喧噪が最高潮に達していた。ゾーイはやる気満々のインターンと3分間の作戦会議をすませ、デザイン部に連絡を入れた。ラップトップを取り出して、押し寄せる仕事に没頭する。

それなのに、頭の中ではヘレナズで交わした会話のことばかり考えてしまう。風変わりなバリスタの謎めいた話。バーバラはなんて言ってたっけ？　そうだ、普通の人とは違う見方をする人。「たしかにそのとおりだ」と、ゾーイは思わず声に出してしまった。さっきの会話のことを考えれば考えるほど、ますます意味がわからなくなってくる。

どこに立つか、そして、そこから何が見えるか。それが、自分の思い描く絵を組み立てる鍵になる。自分が求める全体像をつくり出すからね。ぼくの言ってること、わかるかな？

正直言って、ちっともわからない。

それから、コーヒーのこと。**そのラテが買えるんだったら、この写真だって買えるよ。**

そして最後に、こんなひとこと。

ひょっとしたら、きみは自分で思ってるよりリッチかもしれないよ。

いったいどういう意味だったんだろう？

その夜、ゾーイはよく眠れなかった。

実を言うと、最近はぐっすり眠れたことがない。だいたい午前2時から3時のあいだに目が覚めて、ただじっと横たわっている。眠れないまま、不安な気持ちで。具体的な心配事があるわけじゃない――ただ漠然と不安を感じる。

でも、今夜はいつもよりひどかった。目が覚めたあと、また眠りについたのはいいけれど、夢の中まで不安が追いかけてきたのだ。

ゾーイはいつものジムにいて、ランニングマシンで軽いジョギングをしている。するとつぜん、ボタンに触ってもいないのにマシンのスピードが一段速くなる。ゾーイはペースを上げる——まだ大丈夫。ところが、マシンがまたスピード上げる。なんとかついていこうと、ゾーイは懸命に走る。スピードを下げるためにボタンを押そうとするが、下がるどころかマシンはさらに速くなる。さらに速く。どんどんスピードが上がっていく。いまやゾーイは全力疾走していた。全身全霊をこめ、心臓が胸から飛び出すくらい——なのに、ついていけない。

ゾーイは、うめき声をあげて目を覚ました。Tシャツが汗でぐっしょり濡れている。ゆっくりとベッドの上で身体を起こし、闇の中、コップの水を求めてナイトテーブルを手で探る。目が闇に慣れ、鼓動が少しずつおさまってくる。恐怖のどん底にあった心臓が少しずつ落ち着きを取り戻し、ようやくふつうに近い状態になってきた。

この小さなドラマが何を意味するか、それを解釈するのに心理学の博士号はいらない。ゾーイは、コントロールのきかない週50時間というランニングマシンに乗っている。午前はブルックリンからマンハッタンへ、午後はマンハッタンからブルックリンへ。お金が入っては出ていく――たいてい、入ってくるのより出ていくほうが多い。そして、そのあいだずっと、どんなに命がけで走っても、これ以上速くならないという感覚が忍び寄ってくるのだ。

薄暗がりの中、アパートメントの壁をじっと見つめたまま、ゾーイはあることを感じていた。それは心から自分に正直になった瞬間にいつも感じることだった。自分の人生には何かが足りない。何か大切なものが。恋愛？　違う。まだ若いんだから、恋愛はまだまだこれからだ。友達？　違う。ジェシカがいるし、ほかにも友達はいる。

私の人生に足りないのは、本当に生きているという実感なのだ。

第4章
まず自分に払う

水曜日の朝、ゾーイは昨日よりも数分早くコーヒーショップに到着した。ふと見ると、ヘンリーが店の奥で例の写真と向き合って立っている。もの思いにふけっているようだ。昨日、初めて会ったときとは逆に、今度はゾーイがヘンリーを驚かせる番だった。

「あのう」

とゾーイは呼びかけた。

ヘンリーは少しだけびくっとして声を上げた。

「なんだ、ゾーイか！　ちょうど、ぼくらのお気に入りの写真を眺めていたところだ」

「ごめんなさい」

とゾーイは言って、昨日のヘンリーの言葉をそっくりそのままつけ加えた。

「こっそり近づいたわけじゃないんです。ずいぶん、熱心に見入ってたから」

ゾーイが笑顔を見せると、ヘンリーも穏やかに笑った。

「記憶力がいいんだね」

ゾーイは、また入り江の光景を食い入るように見つめてから、ヘンリーのほうへ向き直った。

「思ったんですけど……」

ゾーイは、どう切り出そうかと考えて口ごもった。

「昨日、コーヒーが買えるならあの写真も買える、っておっしゃいましたよね？　きみは自分で思ってるよりもリッチだって」

ヘンリーはうなずいた。

「あれは、いったいどういう意味なんですか？」

ヘンリーは首をかしげ、ふと唇に人差し指を当てて口を開いた。

「ちょっと聞いてもいいかな？　きみがこの写真を買えるようになるためには、どんな変化が必要だと思う？」

「そうですね……正直、いまより給料のいい仕事を見つけなきゃいけないと思います」

「なるほど。ちょっと個人的な話になってもかまわないかな？」

「もちろんです。だって、もう私の墓石を描いてくれたじゃないですか。あれより個人的なことなんて、まずないですよね？」

「まったく、そのとおりだ」とヘンリーは笑った。「きみはどこで働いてるんだったかな？　ロウアー・マンハッタンって言ってたっけ？」

ゾーイはうなずいた。

「ワン・ワールドトレードセンターです」

ゾーイは自分が携わる旅行雑誌の仕事を手短に説明した。

「だったら……それなりの給料をもらってるんじゃないかな？」

「まあ、それなりには。でも、驚くほど多いわけじゃないんです。それに……ブルックリン暮らしはお金がかかるし」

「たしかに。差し支えなければ、就職してどれくらいになるのか聞いてもいいかな？」

「６年くらいです」

「そうか。しっかりした若者がキャリアアップを考えるのに十分な時間だ。たぶん、６年前、就職したばかりのころより給料は上がってるはずだけど、違うかい？」

「そのとおりです」

ヘンリーがまたうなずく。

「それで、その結果、きみは6年前よりもリッチになったかな？」

「前よりもリッチに？」

ゾーイは目をしばたたき、「リッチ」という言葉をまるで外国語でもしゃべるように口にした。

「それってつまり……自由に使えるお金が増えたとか、いざというときのための貯金ができたとか、そういうことですか？」

実は2年前、ゾーイは大幅な昇給をした。バーバラのおかげでアシスタントから編集補佐に昇進したのだ。でも、収入は増えたものの、そのぶん生活費が増しただけのような気がする。どちらかといえば、ゾーイはいつにない赤字状態だった。

「前よりリッチ」と、ゾーイは繰り返した。「……とは言えないみたいです」

「そうか。でも、それはきみにかぎったことじゃない。この前、興味深い調査結果を読んだんだ。この国の人の半分は、緊急の場合でさえ、臨時の400ドルが捻出できない。10人のうち7人が自分たちのことを『その日暮らし』だと言っていて、日々の生活費までクレジットカードに頼っている、という話だ」

「そうですか」とゾーイは答えた。それほど多くの人が自分と同じ境遇にあると聞いても、別に驚きはしなかった。結局のところ、うちの旅行雑誌がこんなに人気があるのもそのせいだろう。みんな、自分には手の届かない冒険のページを繰るのが大好きなのだ。

「でも、本当におもしろいのはここからなんだ。もっと貯金したり、なんらかの年金計画を立てたりしないのはなぜか、と聞かれたとき、回答者のほぼ全員が同じように答えたんだ。『十分な収入がないから』だって」

ヘンリーはおかしそうに笑った。

「少なくとも、これが大多数の答えなんだ。もちろん、本当はそうじゃない。収入が増えたところで、なんの助けにもならないいんだから」

ゾーイは頭を殴られたような気がした。

「ちょっと待ってください……いま、なんて？」

きっと聞き違いだろう。

「収入が増えてもなんの助けにもならない？　どう考えたって、助けになるはずじゃないですか！」

ヘンリーは悲しげに首を振った。

「そうでもないんだ。たいていの人は、収入が増えたらその分もっと使うようになるから」

「そんな……」

そんなことはない、とゾーイは言おうとした。私はそうじゃない、と。

でも、本当にそうだろうか？

「こういう話をよく聞かないかな？　映画スターや歌手やスポーツ選手が、有名になっていきなり億万長者の暮らしを始めたと思ったら、あっという間に破産したっていう話だよ」

たしかに、つい先週、ゾーイは同じような話を読んだばかりだった。

「宝くじに当たったのに借金を抱えてしまう人がどれだけ多いことか。そういう人たちにとって、問題はお金を稼ぐことじゃない。とっておくことなんだ」

ヘンリーは続けた。

「おかしなことだけど、収入がいくら増えたところで豊かになるわけじゃない。どうしてだかわかるかい？　たいていの人は、収入が増えると、もっと使うようになるからだ。たとえるなら、収入が潮で、支出はボートだ。潮が満ちれば、それと一緒にボートも浮かび上がる」

　ヘンリーは店内をざっと見渡してから、ゾーイを見た。

「電車の時間まで、まだ少しあるかな？」

「あります」とゾーイは答えた。そもそも、今朝いつもより早く出てきたのはそのためなのだ。ヘンリーのあとについて、奥のハイテーブルに向かいながら、ゾーイはたったいまヘンリーが言ったことについて考えていた。

〝収入が潮で、支出はボート〟

　でも、ボートはいずれひっくり返る、とゾーイは思った。あるいは、砂漠で座礁する。

　ヘンリーはテーブルについてゾーイのほうに向き直ると、さっそく口を開いた。

「財産とか、経済的な自由とかいうのは、そんなに複雑な話じゃない。単純な三段階のプロセスなんだ」

「当ててみてもいいですか？　チャートのトップ40に入る曲を書く。宝くじを当てる。お金持ちで事故に遭いやすい大叔母さんがいる？」

　ヘンリーは、笑いながら自分のスツールに腰かけた。ゾーイも昨日と同じ席につく。

「ぼくは、このプロセスを〝経済的な自由を得るための三つの秘訣〟と呼んでる。ちょっと大げさかもしれないけど。というのは、あたりまえすぎて逆に見つけにくいような秘訣だからね。みんなわかっているつもりだけど、実際にわかっている人はほとんどいない。

じゃあ、最初の秘訣がどんな仕組みになってるのか話そうか」

「心して拝聴します」

ゾーイは言った。風変りだけど、核心をついている。ここにきて初めて、ゾーイはヘンリーがどういう人なのか気になった――どこからやってきて、どんな経緯で、このブルックリンの小さなコーヒーショップで働いてるんだろう。

「差し支えなければ」

ヘンリーが口を開く。

「先週何時間働いたか聞いてもいいかな？」

「だいたい40時間です」

実際は50時間に近いけれど、さほどはずれてはいない。

「了解。じゃあ、そのうち自分のために働いたのは何時間くらいだろう？」

ゾーイは答えに窮してしまった。全部？　それとも、ゼロ？

「……意味がよくわからないんですけど。自分のために働くって、どういうことですか？」

「自分のために働くっていうのは、得たお金が自分に入るっていう意味だ。自分の人生を築くために。ゾーイ自身に投資するために」

「なるほど」とゾーイは少し考えてから、口を開いた。「どう答えていいのかよくわからないんですけど」

「じゃあ、ちょっと見てみよう」

使い込んだモレスキンの新しいページを開いて、シャープペンを取り出すと、ヘンリーはスケッチをしながら話しはじめた。

「仮に朝9時から働くとしよう。だいたい、まず思いつくのは9時から11時半まで働いた分だけど、これは全部、税金で持っていかれる」

ヘンリーは時計の文字盤を描くと、9時から11時半までのスペースを区切って、その中にドル袋と、のっぽでひげ面のアンクル・サムを描き込んだ。

「わお」と、ゾーイはつぶやいた。「そんなふうに考えたことなかった」

ヘンリーがうなずく。

「これじゃ、ランチが終わってから仕事に行きたくなるね」

そう言うと、おかしそうに笑った。

「で、11時半から2時までの分は……」

ヘンリーがチラリとゾーイを見上げて言う。「ローンかな？　家賃かな？」

「家賃です」

ゾーイが答えた。ゾーイは、ヘンリーがスケッチをする様子に見とれてしまった――し

っかりした素早い手つきで、ほんの数筆描くとできあがる。イラストがペン先から勢いよく湧き出してくるようで、まるで、跳び出そうと待ち構えていたみたいに見える。

「了解。家賃と光熱費。午後2時から3時まで働いた分は、だいたい交通費になる。そして、3時から5時までがその他。医療費、娯楽費、負債、クレジットカードの返済……」

「学生ローン」

ゾーイがつけ足す。

「ああ。そうだね。学生ローン。意地の悪いやつだ。それに、もちろん食費――」

「ほとんど外食です」

「ああ」

ヘンリーはゾーイの手にしたラテを見なが

らうなずいた。

「それに、そのコーヒーのことを、忘れちゃだめですね」

「はい。コーヒーのことを、忘れちゃだめですね」


ふたりとも笑みを浮かべた。

「この中のどこかから、貯められるだけの時間を何分か削ぎ取るんだ。と言っても、実行する人はほとんどいないけどね。だから、結局のところ、お金は残らない。きみの写真のためのね」


何もかもひどく憂鬱《ゆううつ》に聞こえるのに、きみの写真という言葉を聞いたとき、体に電気が流れたような衝撃が駆けめぐった。この話はいったいどこへいくんだろう？ そう思いながら、ゾーイはうなずいた。

「いいかい。さっき、三つの秘訣と言ったね？ これが、第一の秘訣だ」


ヘンリーは真っ白なページを新たに開くと、さらさらさらと手早く書きはじめた。

1 まず自分に払う

「まず自分に払う」と、ゾーイは、納得したようにうなずきながら繰り返した。

「なるほど」

「前に聞いたことあるかな？」

「どこで聞いたのかはっきり覚えてないんですけど、でも、あります。なじみのある考え方です」

「すばらしい。じゃあ、どういう意味かわかるかな？」

もちろんです、と言おうとして、ゾーイはふと口をつぐみ、あらためて慎重に口を開いた。

「わかってる……と思ったんですけど」

ヘンリーは微笑んで、ゾーイを促すように片方の眉を上げた。

「えーと……給料をもらったら、まず自分のためにお金を使うってこと」

と答えながら、ゾーイはヘンリーを見た。

「違いますか？」

ヘンリーはまた笑みを浮かべた。

「なかなかいい答えだ。ほとんどの人がそういう意味だと思ってる。お金を稼いだら、まず自分にごほうびを与えるべきだってね。自分のために何かいいものを買う。自分のほしいものを」

「でも、そうじゃないんですか？」
「ちょっと違うかな。〝まず自分に払う〟というのは、最初に払ってもらうのは自分だってこと――そして、そのお金を自分のためにとっておく。言い換えると、毎日の収入の最初の1時間分を自分に払うってことだ」
ヘンリーはまた新しいページを開いて、ふたつ目のスケッチを描きはじめた。

スケッチをしながら、ヘンリーは続けた。
「仕事にいくと、自分の時間をお金と交換する。来る日も来る日も、一日中働いてるのに、せめて収入の1時間分くらいどうして自分のためにとっておかないんだろう？　だけど、たいていの人はこうするんだ。給料を払ってもらったら、政府にひと切れ持っていかれたあと、まず請求書の支払いをして、いろんなものを買う。もしいくらか残ったら――残ってないことのほうが多いけど――やっと自分にとっておくための貯金をする……かもしれない。別の言い方をすると、まず他人に払って、自分に払うのは最後。それだって、もし払えればの話だからね。

だから、こんなにもたくさんの人が、1日8時間も9時間も10時間も、毎週毎週、毎月毎月、何十年も、生涯にすると平均9万時間(!)も働いて、いざ定年を迎える段になって、自分がなんの成果も残していないことに気づくんだ。生涯かけて築いてきたのは他人の財産だった、自分のじゃなかったってね」

ゾーイは一瞬言葉を失った。それって、うちの両親のことだろうか?

「わお」

「わお、だよ」

また短い沈黙があって、ゾーイが口を開いた。

「じゃあ、本当は、どうあるべきなんですか?」

ヘンリーは、思案するようにゾーイを見つめて言った。

「子どものころ、ジャムの空き瓶に25セント硬貨を貯めたことがあるかな? 何かほしいものを買うために」

実を言うと、ゾーイはまさにこの空き瓶貯金をやったことがある――子どものころじゃなくて18歳のとき。大学進学で、初めてニューヨーク・シティに到着したときのことだ。夏休み中、かき集められる1ドル札を全部貯金して、３カ月後に自転車を手に入れた。おかげで、新居のまわりをあちこち探検できるようになったのだ。あれには、自分でもびっくりした。というのも、ふだんお金のことはまるでだめだったからだ。

その後も何度か、ゾーイは挑戦してみた。いろんな目的で10ドル札や20ドル札まで入れてみたけれど、キッチンカウンターに置いた空き瓶がいっぱいになる日はついにこなかった。いつも何かあって、瓶のお金に手をつけることになってしまったのだ。あの自転車はいまもあるけど。

「まあ、これも同じことだよ。硬貨を空き瓶に入れる代わりに、稼いだお金を〝まず自分に払う〟口座に振り込むだけだ。専門的に言うと、退職金口座にね」

「401とか、みたいに」

ゾーイが言った。

「そのとおり。正確には401（k）。確定拠出年金だ」

ゾーイの会社は401（k）に加入できる。働きはじめたときに、説明を受けたのを覚えている。手紙やメールがきていて、一度詳しい話を聞こうとずっと思っていた。

「401(k)の背景にある考え方は単純だ。給料をもらったら、その一部、たとえば10%を別にとっておく。税金を引かれる前にね。そうすれば、給料の成り立ちがすっかり変わる」

「給料の成り立ち」

ゾーイは繰り返した。文章やパラグラフについてはお手の物だが、数学になると――何度も言うようだが――ゾーイの得意とするところではない。

ゾーイの表情を見て、ヘンリーが言った。

「じゃあ、実際にやってみよう」

ヘンリーはポケットに手を突っ込み、財布から5ドル札を取り出すと、テーブルの上の、ちょうどふたりのあいだに置いた。

「1日5ドルをとっておいて瓶に入れるとしよう。1週間でいくらになるかな?」

「1日5ドルを1週間?」それなら簡単。「35ドル」

ヘンリーがうなずく。

「1カ月だと、だいたい150ドルになる。じゃあ、この1日5ドルを税引き前の口座に、仮に10%の利率で預けたとしよう。最初の1年が経ったら、いくらになるかわかるかい?」

ゾーイは考えてみた。150ドル×12。

「わからないけど、１５００ドルよりちょっと多い？」

ヘンリーはうなずいた。

「正確に言うと、定期預金を積み立てるのと同じように、毎日ほんの少しずつ複利の力が膨らんで、１年後には利息込みで１８８５ドルになる。今度は、もっと長期的に複利のパワーをあてはめるとどうなるか見てみよう」

ヘンリーは、上着のポケットから小さな電卓を取り出して叩きはじめると、手早く数字を書き留めていった。まだポケット電卓を使ってる人がいるなんて、そう思ってゾーイはこっそり微笑んだ。この人は間違いなく昔かたぎだ。

ヘンリーが手を止めて、顔を上げた。

「1日5ドルずっと貯めつづけたら、たとえば40年後にはどうなると思う？」

「わかりません。たぶん……」

せいぜい5万ドルぐらいとしか思えなかったが、念のため、ゾーイはその2倍の額を言ってみた。

「10万ドルですか？」

ヘンリーは笑みを浮かべた。

「実は、その10倍近くだ」

1日5ドル貯めて年10%の利息がつくと、結果は：

1年	=	1,885	ドル
2年	=	3,967	ドル
5年	=	11,616	ドル
10年	=	30,727	ドル
15年	=	62,171	ドル
30年	=	339,073	ドル
40年	=	948,611	ドル

そう言って、書き留めた数字が読めるよう、小さなノートをゾーイのほうに向けた。

「で、でも……」ゾーイは、まじまじと数字を見つめ、思わず言葉に詰まってしまった。「これって、ほとんど100万ドルじゃないですか！」

「そうだよ」

ヘンリーはうなずいて、ポケットからもう一枚、今度は10ドル札を取り出して、5ドル札の上に載せた。

「今度は、出資金を増額して1日10ドル自分に払うとしよう。税引き前の口座に振り込んでね。40年後にどうなるか見てみよう」

順番に数字を追って、いちばん下の総額の

1日10ドル貯めて年10%の利息がつくと、結果は：

1年	=	3,770	ドル
2年	=	7,934	ドル
5年	=	23,231	ドル
10年	=	61,457	ドル
15年	=	124,341	ドル
30年	=	678,146	ドル
40年	=	1,897,224	ドル

ところまできてゾーイは目を丸くした。

「うわあ！　ど……どうして、こんなことができるんですか？」

ヘンリーはおかしそうに笑った。

「ぼくがやったんじゃないよ、ゾーイ。母なる自然の力。自然の摂理ってやつだ。バクテリアはこんなふうに増殖するし、噂もこんなふうに広がる。財産もこうやって増えるんだ。この世で最も強い力だと言う人もいる。〝複利の奇跡〟ってね」

ゾーイは、ヘンリーの書いた小さな表をまじまじと見つめた。どうして、こんなことができるんだろう？

「1日たった10ドルで……」

ゾーイはつぶやいた。

「1日たった10ドルで。でも、1日10ドルで人生を変えることもできる。だって、必ずそうなるからね、ゾーイ。行動そのものはちっぽけに見えるかもしれない。ジャムの瓶の25セント硬貨みたいに、1日10ドルの貯金なんて取るに足らないことに思える。でも、その行動を起こす決意のほうはどうかな？」

ヘンリーは笑みを浮かべた。

「もしかしたら、生涯で最も重大な決意かもしれないよ」

ゾーイの頭の中でバーバラの声がする。〝だったら、なんとかしたら？〟

「さて、もうひとつ例を挙げてもいいかな？　もっと核心に迫る例だ。きみは、何歳かな？」

ゾーイが答える前に、ヘンリーはつけ加えた。

「紳士の聞くことじゃないのはわかってるけど、科学という目的のためだからね。それに秘密は厳守するよ」

「まあ、科学のためということなら」と、ゾーイは真面目くさって答えた。「27歳です」

「すばらしい。じゃあ、仮に、週に1000ドルの収入があるとしよう——これでも、実際の収入を聞かないくらいの分別はあるからね」

ゾーイは笑った。実のところ、その額はゾーイの給料にかなり近かった。

「ということは、週5日働くとして1日200ドルだ。目安にするといいのは、〝1日の給料のうち最初の1時間分をとっておくこと〟。つまり、1日1時間、まず自分に払うということだ。

たいていの人はこれに近いことさえやってない。アメリカ人の平均貯蓄額は収入の４％以下。さっきの時計のたとえで言うと、ほとんどの人が自分のために20分働くのがやっとってことだよ。そして、５人にひとりは、まったく貯金をしていない——ということは、自分に払うのはゼロってことだ」

「うわっ！」

ゾーイは言葉に詰まった。私のことだ。総貯蓄額、正真正銘のゼロ。

「1日8時間働くとして、1日の最初の1時間分をゾーイが自分に払うためにとっておくとしよう。そうすると——」

と言いながらヘンリーは首をかしげて計算をした。

「1日25ドルで、週5日働くから125ドル。52週をかけると、1年間で6500ドルになる——利息を合わせると、ほぼ6800ドル」

ヘンリーは、もうひとつ表を書きはじめた。小さな電卓をぱちぱち叩いては、ひとつひとつ数字を書き留めていく。

ゾーイは心臓の鼓動が速くなるのを感じながら、シャープペンの先から数字が繰り出さ

週125ドル（または、勤務日につき25ドル）貯めて年10%の利息がつくと、結果は：

1年	=	$6,798
2年	=	$14,308
5年	=	$41,893
10年	=	$110,821
15年	=	$224,228
30年	=	$1,222,924
40年	=	$3,421,327

れるのを見守った。

表を書き終えると、ヘンリーはシャープペンを置き、スツールに深く腰かけて、ゾーイの反応を待った。

ゾーイは座ったまま、あっけにとられて数字を見つめている。300万ドルを超えてる！　1日1時間を続けるだけで。

ヘンリーは、腕時計をちらっと見た。

「そろそろ時間だね。走らなきゃいけないかな」

ゾーイははっとして携帯を見ると、跳び上がった。

「うわあ。ほんとにもう行かなきゃ」

ヘンリーがスツールから立ち上がった。

「じゃあ、入り口まで送ろう」

入り口に向かう途中でゾーイが言った。

「なんていうか……その、あまりにも単純ですね」

「単純だよ」とヘンリーが答えた。「だから、うまくいく。人生を変えるのは最もシンプルなアイデアなんだ。複雑なやつじゃなくてね」

「さっきの1日10ドルみたいに」

ゾーイが言った。

ヘンリーは、ゾーイの手にしたラテを見ながらうなずくと、また笑みを浮かべた。

「そのコーヒーみたいにね。きみのラテ・ファクターだ」

「そうですね」入り口まで来ると、ゾーイは言った。「私のラテ・ファクター」

そう言ったものの、なんのことなのかさっぱりわからなかった。

「えーと、どうも、ありがとう。本当に……勉強になりました」

ゾーイは握手をしようと手を差し出した。

「ああ」

ヘンリーはゾーイの顔に浮かぶ疑念に気がついた。そして手を握ったまま、ゾーイの顔をのぞき込んで、やさしく言った。

「ゾーイ。いまは数字のことは考えなくていい。重要なのは、数字の裏側にあるものなんだ。最初に自分に払う――それはつまり、まず自分のことを考える、ってことだ」

ゾーイは思わず眉をひそめた。頭の中で母がこう言うのが聞こえたからだ。

〝まず他人のことを考えて、ゾーイ。どんなときも、まず他人のことを考えるの〟

ヘンリーは小さくうなずいた。

「わかってる。いままで言われてきたことと反対だって言いたいんだろう。やさしい人は、まず自分のことを考えたりしない。いい人は、まず他人のことを考える。そう思ってるんだね？」

「そんなところです」

「たしかにそのとおりだ。他人に対する思いやりがなければ、心ある人間とはいえない。でも、人生は逆説的で、他人に何かしてあげるためには、まず自分のことを考えなきゃならないこともある。どういう意味かわかるかな？」

「正直言って、わかりません」

「飛行機に乗ると、離陸するときいつも流れるアナウンスがあるだろう？　非常時の酸素マスクのつけ方。まず自分がつけて、それから子どもたちにつけさせるっていうやつだよ。あれは、順番が逆のように聞こえるだろう？　本当なら、まず子どもたちにつけさせろって言うはずだと思うんじゃないかな？　でも、そうじゃない。だって、もし自分が気を失ってしまったら、誰にも何もしてあげられないから。わかるかな？」

「たぶん……そうですね」

ゾーイは言った。

ゾーイの手を握ったまま、ヘンリーはもう片方の手をゾーイの手に重ねた。

「ぼくには信じてることがあるんだ、ゾーイ。それはね、ぼくたちがこの地球に、この世に生を受けたのは、誰もが何かを、特別な何かをなすためだってことだ。自分にしかできないことをね。それなのに、ほとんどの人がそうしていない――他人のために払うのに忙しすぎて」


Lトレインで職場に向かいつつ、ゾーイはヘンリーの言ったことを考えた。

ぼくたちがこの地球に、この世に生を受けたのは、誰もが何かを、特別な何かをなすためだってことだ。それなのに、ほとんどの人がそうしていない。

本当にそうなんだろうか？

そして、もしそうだとしたら、私はいったいなんのために生まれてきたんだろう？

第5章
疑念

その日、ゾーイは仕事中ずっとうわの空で、自動操縦のように編集作業をしながら、ヘンリーと交わした会話の断片を思い起こしていた。とうとうこらえきれずに携帯を取り出して、スクロールしはじめる。電車の中でメモしたことをあらためてラップトップに打ち込みながら、整理して順番を並べ替えていった。

これがゾーイのやり方だ。編集者として、語りの道筋や断片をあちこち動かしてみる習慣が身についている。考古学者が発掘された骨を扱うときのように、集めたものがどうすればひとつにまとまるか試してみる。綴《つづ》りや文法や句読点——そういうのはみんな後回しでいい。ゾーイがまず探すのは全体像だ。筆者は何を言おうとしているのか？
ゾーイはメモを見た。

ほとんどの人は、収入が増えれば、その分余計に使うだけ。
みんなわかっているつもりだけれど、実際にわかっている人はほとんどいない。
まず自分に払う。
この世で最も強い力だと言う人もいる。
1日10ドルで人生を変えられる。
1日1時間分の収入をとっておく。

それから昨日の言葉。まるで、金融界の禅師のお言葉みたいだった。

そのラテが買えるなら、この写真も買える。

あれはいったいどういう意味なのか、いまだにさっぱりわからない。そして、「ラテ・

ファクター」という言葉の意味も。

私のラテ・ファクターって？

仕事を終え、Lトレインを降りて家へ向かう途中、ゾーイはもう一度ヘレナズ・コーヒーに立ち寄った。ヘンリーに会って話が聞けるかもと思ったのだ。でも、ヘンリーはすでに帰ったあとだった。今日は午後の3時に帰った、とカウンターにいる若者が教えてくれた。

「そうですよね」とゾーイは言った。だって、朝7時にいたんだもの。「シフトは、とっくに終わってますよね」

「シフト？」と彼は笑って答えた。「ヘンリーは、シフトには入りませんよ」

シフトに入らない？

「じゃあ、いつもだいたい何時ごろ帰るんですか？」

「いつでも気が向いたときに」

そう言うと、若者は肩をすくめた。

「いつもだいたい3時ごろだけど、それより遅いときもあるかな。早いときもあるし」

いつでも気が向いたとき？　いったい、どんな仕事なの？

まだあれこれ考えをめぐらせながら、ゾーイはアパートメントの建物に入る鍵を開けた。玄関ホールに入ると、ジェフリー・ガーバーと書いてある内線のボタンを押して、「15分でピザをお届けします！」と告げる。

ゾーイの部屋の上階に住んでいるジェフリーは、フリーランスでソーシャルメディアのアプリ開発をしている。そのかたわら生活のためテクニカルサポートの仕事もする。検索エンジンの最適化とか、フェイスブックの広告とかそういったたぐいのことだ。でも、ソーシャルメディアのアプリこそが大金持ちへつながる道だと、ジェフリーは信じている。ここ数年のあいだに、一緒にやらないかとゾーイも何度か話を持ちかけられた。どの話のときも、これこそ次世代のインスタグラムだ、とジェフリーは前向きだったが、ゾーイはいつも断ってきた。

いまのところ、どのアプリも次世代のインスタグラムにはなっていない。

ジェフリーはまあいい人と言っていいし、ゾーイも彼のことは嫌いじゃない。でも、あのひねくれたものの見方にはうんざりしていた。ジェフリーは「金持ち」と見ると、誰かれなく過剰に敵視するところがある。とりわけ、勝ち組の大企業を疑ってかかる。ゾーイが勤めているような会社のことだ（だけど、もしアプリが当たったら、ジェフリーこそ勝ち組の大企業になるんじゃないの？）。とはいえ、ふたりは仲がよく、週に一度はどちらかのおごりで夕飯を一緒に食べる。

今週はゾーイがおごる番だった。ルイージの店のクラシックピザ。具を全種類載せたLサイズ。ブルックリンでいちばんおいしくて、電話一本ですぐ届く（しかも、皿洗い不要！）。

これが数少ない（正直いって、ほとんどない）ゾーイとジェフリーの共通点だ。ジェフリーは料理をしない。ゾーイもしない。するとしたら、ベーグルをトーストするか、たまに焦げたオムレツをつくるくらいだ。ゾーイの母はいまだかつて料理に興味を示したことがない。家族は冷蔵庫とガスレンジよりも、冷凍庫と電子レンジを使うほうがずっと多い。おばあちゃんはケーキを焼いたけれど、母は反抗したのだ。いつも口ぐせのようにこう言っていた。

「ケーキを焼く？　私は、ホイップクリームもつくれないわよ！」

ピザを食べながら、ゾーイはジェフリーに、風変わりなバリスタと交わした会話のことを話した。

ヘンリーには、そばにいると心地よく感じさせる何かがある。磁力みたいなものだ。カリスマ性に似てるけど、それともちょっと違う。ゾーイは、はっきり言葉にすることができなかった。それはちょうど、ゾーイの心を強く惹きつけるあの写真のことをうまく言い表せないのと似ていた。

　ゾーイが今日1日の出来事を話すのを、ジェフリーは黙って聞いていた。

　自分の分を食べ終わると、ゾーイは指を拭いてラップトップを引っぱり出した。今日、ゾーイは職場で時間をとって、ヘンリーの書いてくれた表をもう一度自分で書いてみた。理論上1日25ドルの貯金が、1年でほぼ6800ドルになって、それから40年後には天文学的な数字になる。

　ゾーイはラップトップの画面に表を出して、ジェフリーに見せた。

「ほら、見て。40年後、67歳になったら、私、きっぱりリタイアできるってこと？300万ドル以上なんだよ、ジェフリー」

「マジかよ？」

　ジェフリーが言った。

「ゾーイ。勘弁してくれよ。10％だって？　どうやって？　どこで10％稼ぐんだよ？　そんな利率は過去の遺物なんだよ。それに、その仕組みは何もかもまやかしだよ、ゾーイ。わかってるだろ？　貯めようとすればするほど、政府に持っていかれるんだ」

　いいいいいい、税金が引かれる前に収入の一部をとっておくことについて、ヘンリーはなんて言ってたっけ？　思い出せない。それとも、最初から十分理解できていなかったんだろうか。

「それに、インフレだってある。40年後、100万ドルにどれだけの価値があると思う？　まったく。老人ホームの入居費が払えたらラッキーだよ。401（k）だって、規則やら法令やら制約だらけで、邪魔するばっかりじゃないか。とにかく――」

ジェフリーは言葉を続けた。

「いつまでいまの職場にいるかもわからないだろ？　辞めちまったら、退職プランはどうなるんだよ？　それに、ゾーイ。水を差すわけじゃないけど、いったいなんで、そいつにわかるんだ？　60代だか70代だか知らないけど、そんな歳になって、まだバリスタやってるんだろ？」

こう問われて、ゾーイには返す言葉がなかった。


ジェフリーがピザの礼を言って、のっそり上階へ引きあげていったあと、ゾーイは45分もかけて髪を洗い、すでに空っぽに近い冷蔵庫を掃除し、めったに使わないコンロをごしごしこすってきれいにした。掃除する手を止め、ふかふかのリクライニングチェアに倒れ込んで初めて、ゾーイはなぜ自分がこんなにも一心不乱に掃除をしているのか気がついた。

耳にこびりついた、疑り深い友達の言葉を拭い去ろうとしていたのだ。

ゾーイは、なんとか自力で完成させたヘンリーの表にわくわくしていたし、あの「誰もがこの世に生を受けた理由」宣言に興味を駆り立てられていた――勇気を与えられたと言ってもいい。ヘンリーの言葉を聞いて、ゾーイの中で純粋な明るい希望の光が閃《ひらめ》いたのだ。

それが、ジェフリーのせいでことごとく打ち砕かれてしまった。

そんな利率は、過去の遺物。

ゾーイは携帯を手に取り、お気に入りをスクロールして、母に電話をかけた。４、５回目のコールで、母が出た。

「あ、お母さん」

「あら、ゾーイ。元気にしてる？」

くたびれた声だった。

「こっちは元気だよ。それより、お母さんこそ大丈夫なの？　すごく疲れてるみたいだけど」

「そう？　たちの悪いインフルエンザでね。まずお父さんがやられて、しばらく寝込んでたんだけど、今度は、私が気に入られちゃったみたいで」

そう言ってため息をついたけれど、また話しだしたときには楽しげな声になっていた。

「ゾーイの声を聞いただけで、もうよくなってきたみたい。それで、このごろどうしてるの？　仕事のほうは大丈夫？」

「うん。ねえ、お母さん。ちょっと聞いてもいい？　お父さん、たしか401（k）に加入してたよね？　利回りはどれくらいだったとか、そういうことわかる？　あと、新しい職場に移ったときどうなったとか？」

「まあ、ゾーイ……お母さんはさっぱりわからないのよ。そういうのは全部お父さんがやってるから。まさか、あの転職の話を受けようと思ってるんじゃないでしょうね？」

呼び出し音が、もうひとつ聞こえた。携帯の画面をちらっと見ると、ジェシカからだった。

「まだ、わかんない。ねえ、お母さん——ごめんね、もう切らなきゃ」

「いまあるもので満足しなきゃ、ゾーイ。芝生はいまより青くならないわ——」

「わかってる。ねえ、お母さん——明日また電話するから。じゃあ、切るね。無理しちゃだめよ！」

母との通話は終えたものの、ジェシカからの電話を取ろうとして、ゾーイはふとためらった。どういうわけか、いま転職の話をする気になれない。そのままにしておくと、留守番電話に切り替わった。

新着の留守番電話の通知が来たのを見て、ゾーイは携帯を耳にあててメッセージを聞いた。

「ねえ、ゾーイ、金曜日会えるよね？　今週のドリンクは私のおごりだよ！　じゃあね！

――あ、それと、ねえ。もうそっちのボスには、辞めるって伝えたの？」

ゾーイはメッセージをオフにして携帯を置くと、「ううん。まだ」と誰もいないアパートメントでつぶやいた。ゾーイは、また（今週もう１００回は考えている）代理店の仕事について考えた。あたりはずれも、報酬も、プレッシャーも、どれも大きい仕事のオファー。ゾーイは大きく深呼吸した。

ジェシカは出世街道を走っている。それは間違いない。ビッグ・チャンスをものにして億万長者になるのがジェフリーの戦略だとしたら、ジェシカはエンジンを全開にして、誰よりもいい仕事をやってのけることだろう。ジェシカは梯子《はしご》を一段ずつのぼったりしない。一足飛びに梯子を駆け抜けて、たちまち頂点にたどり着く。

じゃあ、私は？　私の戦略はいったいなんだろう？

第6章
予算を立てない ──自動化する

木曜日の朝、外は凍《い》てつくような寒さだった。コートの上からしみ込んでくる冷気と闘いながら、ゾーイは向かい風に逆らって足早に歩いた。それなのに、ヘレナズ・コーヒーの入り口にたどり着くと、ゾーイはためらってしまった。ジェフリーの声がまだ耳に残っている。あのひねくれた考え方に呑み込まれたくはない……でも、ジェフリーの言っていたことにも一理あるような気もする。もしかしたら、このままここを通り過ぎて、仕事に行くべきなのかもしれない。

ゾーイは大きく息を吸い込むと、ドアを開けて中に入った。隅のハイテーブルに腰かけたヘンリーが、背の高い男と話している。見るからに育ちのよいカウボーイといった感じの男性だ。ループタイをつけ、ぱりっとしたワイシャツを着込み、濃紺のジーンズにヘビ革のカウボーイブーツをはいている。外気にさらされて年季の入った顔は、シエラネバダ山脈の地形図みたいだ。

カフェラテを注文して列に並んだゾーイは、あれ？　と思った。ヘンリーがまるで自分の居場所みたいに、隅のテーブルを占拠していたからだ。そのとき初めて、ヘンリーはただのバリスタではないのかもしれない、という考えがゾーイの頭に浮かんだ。もしかしたら、午前中のフロアマネージャーなのかもしれない。でも、バーバラはバリスタって言ってなかったっけ？

「おはよう、ゾーイ」

ラテを手に近づいてくるゾーイを見て、ヘンリーが話しかけた。

「友人を紹介してもいいかな。バロンっていうんだ。エネルギー関連のビジネスをやってる」

「ベン・ドーソンだ」

そう言って、男性はゾーイと握手を交わした。

「仲間からはバロンって呼ばれてるよ。仲の悪いやつらはみんなオクラホマに帰っちまったから、なんと呼ばれてようが関係ないね」

「はじめまして、バロン。ゾーイ・ダニエルズです」

ヘンリーの手がきめ細かいキャンバスだとしたら、バロンの手はバッファローの革みたいだ。「お邪魔じゃないですか？」とゾーイは尋ねた。

「大丈夫だよ」

と、ヘンリーは空いてるスツールを示して見せた。

「どうぞ、こちらへ」

ゾーイがスツールをテーブルに引き寄せると、ヘンリーがバロンに言った。

「ゾーイはすばらしい写真が大好きなんだ」

「ヘンリーからものの見方や財産に関する考え方を聞かせてもらってるんです」

ゾーイがそう言うと、バロンは額まで眉を吊り上げ、真面目くさった顔でゆっくりとうなずきながら応じた。

「なるほど。三つの秘訣だろ？　まず自分に払うとか？」

「そうなんです。1日10ドルでリッチになる」

ゾーイがにっこりすると、バロンの眉がまた吊り上がった。

「なるほどね──」

と言いながら、いかめしい顔をしてヘンリーのほうに向き直る。

「かわいそうに。この娘《こ》の頭にでたらめを吹き込んでるのか、このコーヒー野郎」

ヘンリーは笑みを浮かべ、バロンのほうに顔を寄せて耳打ちした。

「この娘はもうリッチだよ。まだ気づいてないだけだ」

ヘンリーはゾーイのほうをちらりと振り返ってウインクした。

「いやあ、それを聞いて安心しました」

とゾーイが言うと、バロンはおかしそうに笑った。

ヘンリーは首をかしげて、思案するようにゾーイを見た。

「でも、聞きたいことがあるんだね」

聞きたいことはいくつもある、とゾーイは思った。

「実はそうなんです。……それで、私、お金のことになると計画が立てられない、って言いましたよね。例の空き瓶に貯金する話」

ヘンリーがうなずく。

「本当に情けないんですけど、私、エクササイズ・プランさえ続いたためしがないんです。〝まず自分に払う〟っていうアイデアはわかります。でも、ずっとやりつづけるなんて、私には無理だと思うんです。毎週毎週、毎月毎月。ましてや、何年も続けるなんて」

ヘンリーはうなずきながら、こう言った。

「たぶん、やらないだろうね。だからこそ、第二の秘訣があるんだ――」

ドラマチックな効果をねらうように少し間をおいてから、ヘンリーが言った。

「予算を立てるメリットを教えてもらったことがあるだろう」

うわあ！　きたきた、とゾーイは思った。ゾーイは予算が大嫌いなのだ。それが不合理なのはわかっている。でもゾーイの中には、予算という概念自体が受け入れられない何かがあった。

「予算だと！」

バロンが口を挟んだ。

「ふん！　予算なんてもんは、とにかく、全体像とかメリットさえつかめばいいんだ。それがすんだら、残りのガラクタと一緒にゴミ箱行きだ」

ゾーイは吹き出しそうになるのを必死でこらえた。おっしゃるとおり！　気が合いますね！

「予算だと！」

バロンは繰り返した。

「くだらん！」

バロンは、ますます調子づいて、ゾーイのほうに身を乗り出した。

「あんたは予算が大っ嫌いなんだな。そうだろ？」

ゾーイはうなずいた。

「あたりまえだ。好きなやつなんていやしない。いや、いないこともないか。生まれつき予算はお手の物っていう連中が。めずらしい、貴重な生き物だ、ユニコーンみたいにな。おれたちには、そういう連中が必要なんだ。で、そいつらに重要な仕事をまかせる。うちの職場でいうとCFO（最高財務責任者）だな。あいつは予算が大好きなんだ。夜は枕の下に置いて寝てるだろうよ。おれたち哀れな人間はどうかって？　決まってるだろ、予算なんてくそくらえだ」

節度あるバリスタとしての立場を守りつつ、ヘンリーはこの暴走にどう応じるのだろう？　そう思いながらゾーイは次の言葉を待った。

ヘンリーは、ただうなずいて、

「バロンの言うとおりだ。まったく」

と言うだけだったので、ゾーイは「えッ？」と、ヘンリーを見返してしまった。

「まあ、予算というのは、会社や組織の中ではそれなりに効果を発揮するかもしれない。

でも個人レベルになると、そうはいかない。きちんと貯金するために、毎週小切手を切らなきゃならないとしたら、そんなのは無理に決まってる。性格の問題じゃないんだよ、ゾーイ。人間の性《さが》だ。個人の予算という概念は、理論上は賢明に聞こえても、現実にはうまくいかない」

「どうしてだかわかるか？」

バロンが割り込んできたので、ゾーイは咳払いをして尋ねた。

「わかりません。どうしてですか？」

「予算は楽しくない。それが理由だ！」

またバロンが会話を乗っ取った。

「予算なんてものは、ダイエットみたいなもんだ。始めるのは簡単だが、続けるのはまったくもって至難の業だ。金がどこへ行くべきかっていうリストをつくって、ちっぽけな枠の中に人生を絞り込もうとするなんて悪夢だよ。人間の性に反してる！」

ヘンリーは笑みを浮かべた。

「真実だと言っていいね。それがおおよそ、ぼくの言おうとしてたことだ。予算を立てても、〝まず自分に払う〟ようにはならない。それがどんなに論理的で、信頼できるように見えてもね。実現する方法はただひとつ」

ヘンリーはノートを手に取り、昨日書いたページを勢いよく開いた。「まず自分に払う」という言葉の下に、あの流れるような筆跡で、今度は二行目を書き加えた。

2 予算を立てない──自動化する

「もし、毎週のように小切手を切ったり、定期的にオンライン振り込みをしたりしなきゃいけなかったら、遅かれ早かれ続かなくなるだろう。どう考えてもやらないからね。ゾーイ、ちょっと聞いてもいいかな。きみは、自分のことを忙しい人間だと思うかい？」

「いやあ……忙しいどころじゃありません」

ゾーイの言葉にヘンリーはうなずいた。

「そうだね。もちろん、忙しい。誰もが忙しい。いちばん避けたいのは、このうえもうひとつ仕事が増えることじゃないかな？　予算を立てて、毎週毎週記録するなんて、まずやらないだろう？」

この件について、ゾーイに異論があるはずもなかった。

「唯一の解決策は――」

ヘンリーは続けた。

「毎日何かを決めなくてすむようにすることだ。単純で自動的なシステムを設定すれば、そのシステムが見えないところで勝手にやってくれる。そうすれば、自制心も、自己管理も、意思の力も、一切必要ない。設定してまかせるだけでいい」

「ない袖は振れないからな」

バロンが口を挟むと、ヘンリーはこう続けた。

「そのとおり。それが自動システムの美点だ。２週間ごと、１カ月ごと、あるいは、どんな頻度でもかまわない。給料をもらったら自動的に引き落とされるよう、会社と相談して設定する。そうすれば、４０１（ｋ）の積立金が総収入から自動的に天引きされる──ちなみに、これは源泉徴収で税金を引かれる前だ。で、この給与明細の残額が自動的に当座預金口座に振り込まれる、というわけだ」

「そんなに単純なんだ」

ゾーイが言った。

「これくらい単純でないとね。そうでなかったら、やらないだろう。そして、自動化しなければ続かない」

「自動化する」

ゾーイはつぶやきながら、携帯にこの言葉を打ち込んだ。

バロンがまた大声で言った。

「何年も前に政府がこの仕組みを考え出したんだ。第二次大戦までは、おれたちよきアメリカ人は給料を全額受け取って、アメリカ政府の分は翌年まで払わなかった。問題は、おれたちが、ちゃんと計画を立てなかったってことだ。予算を立てなかったんだよ」

バロンはおかしそうに笑った。

「それで国は、大々的なキャンペーンをやったんだ。どうやって予算を立てるかを説いて、おれたちに税金を納めさせようとした。ところが、これでもだめだった！　それで、政府は〝もうやってられるか〟って、国の分を取り立てる単純なシステムを考え出したんだ」

「自動的に取り立てるんだ」

ヘンリーがつけ加えた。

「そう、自動的にな」

と、バロンが繰り返す。

「自制心のないおれたちの手元に届く前に、だ。そうしたら、驚いたことにこれがうまくいった。おれたちが1ドル稼ぐたび、まず政府に払われた」

「それで、民間企業もまねをしたんだ。きみは、ジムの会員になってるかな、ゾーイ？」

とヘンリーが尋ねた。何を隠そう、ゾーイはジムの会員になっている。ランニングマシンとか、ほかにもいろいろ利用する。

「そのジムは、当座預金口座から会費を毎月自動的に引き落とすかな？」

ゾーイはうなずいた。

「入会した日に引き落としの手続きをしました」

「あたりまえだ！」とバロンが口を挟んだ。「このごろは、ほとんどの会社がそうだ。取りっぱぐれがないからな！」

「そして、それが第二の秘訣だよ」

ヘンリーが言った。

「自分も同じことをするだけだ。実際、政府はその手段も提供している――税金として、国が取り分を持っていく前にね」

「私の401（k）」

ゾーイはつぶやいた。

「そう、きみの401（k）――税引き前の退職金口座だ。個人退職金口座（IRA）とか、自営業退職金口座（SEP IRA）という別の種類もある。ほかの国にも同じアイデアがある。名前や詳細は違っても、つき詰めればみな同じ。自動的にまず自分に払える仕組みだ。収入に課税される前にね」

「というわけで──」

スツールをうしろに押して立ち上がると、バロンが言った。

「よろしければ、みなさま、そろそろ、ヘレナズの逸品をいただくころかと思いますが。いかがですか、お嬢さん？」

ゾーイは笑みを浮かべた。

「私は、けっこうです。ありがとう」

「お嬢さん」なんて言う人に会ったのは、いつ以来だろう？

「なかなかおもしろいお友達ですね」

ゾーイはヘンリーとともに、食べ物を求めて入り口へ向かうバロンの姿を目で追った。

「そうなんだよ」

と答えてヘンリーはこう続けた。

「それに打たれ強い。もとは石油業界にいたんだけど、あの業界はしばらく厳しい時代が続いたからね。ニューヨークに引っ越してから、エネルギー部門に携わる会社で仕事を見つけたんだ。再生可能エネルギーを扱っていて、風力と太陽光とか、新しい技術に取り組んでる。興味をそそられるね。水素エネルギーとか、廃熱を電力に換えるとか……」

そこまで言うと、ヘンリーは鼻にかかった1オクターブ低い声を出した。

「うちの親父にはまるでわからんような代物《しろもの》さ」

ゾーイは思わず笑ってしまった。すごい、バロンそっくりだ。

「未来へようこそ」

ヘンリーはそうつけ加えて、ゾーイを見た。

「でも、まだ聞きたいことがあるんだね」

「実は……たぶんいくつかあって。聞いてもいいですか？」

「もちろん」


よし。思い切って聞いてみよう。失礼なことは言いたくないけど、ジェフリーの反論に決着をつけるには正直に聞いてみるしかない。

「それで、昨日――」

ゾーイが話しはじめると、ヘンリーがうなずいた。

「収入の一部をとっておいて、それを年利10％の口座に預けるっておっしゃいましたよね。そのことを……考えていて。友達が、そんな利率の利回りは、実際にはもうありえないって言うんです。そんなのは過去の話だって」

ヘンリーは笑みを浮かべた。

「そうだね。利率について懐疑的な人は多いだろうね。でも実際のところ、株式市場は、1926年に信頼のおけるデータを取りはじめてから、年平均10％以上成長している。経済には好況もあれば不況もある。上げ相場のときも下げ相場のときもある。ある年にいくら得られるかは、どんな年に何に投資したかによる。

だけど、すべてのドラマが終わって大きな目で見ると、すべては平均的なところに落ち着く。市場は上がり下がりして、また上がる――いつもそうだ。下がったまま最終的に上がらなかった市場はひとつもない。

２００８年のリーマン・ショックのあと、株で稼げる時代は終わったと言われた。それ以来、市場はどうなったと思う？」

「上昇ですか？」

ヘンリーは微笑んだ。

「平均10％以上の利回りでね」

「わお」

「歴史的に見ると、最もつまらない、保守的な株式と債券のポートフォリオでも確実に8％の利益を上げている。でも、数字そのものが重要なんじゃないよ、ゾーイ。重要なのは、貯めてその数字に複利で増えてもらうことだ」

「わかりました」

ゾーイは、またジェフリーとの会話を思い出した。

「でも、引き出すときには、やっぱり課税されるんですよね。ということは、どっちにしても税金は取られますよね」

「そうだね」

ヘンリーは答えた。

「でもいま、自分のお金をとっておいて、政府に30％渡すのをやめれば、いますぐ投資できる額が増える。そうすれば、時間と複利の奇跡が一緒に働ける時間が長くなる分、成長がずっと大きくなる。それに成長しているあいだ、その数字に対して毎年税金を払う必要はないからね」

「ほら」

ヘンリーはまたノートの空白のページを開いた。

「見てごらん」

そう言って、ヘンリーは数字入りのグラフと2本の曲線を描きはじめた。

すると、いきなり入り口のほうでどっと笑い声が上がった。ゾーイが顔を上げると、列に並んでいる4人の客に向かってバロンが何やらおもしろおかしく話していた。みんな、

課税繰延口座に投資すれば、莫大な差になる！

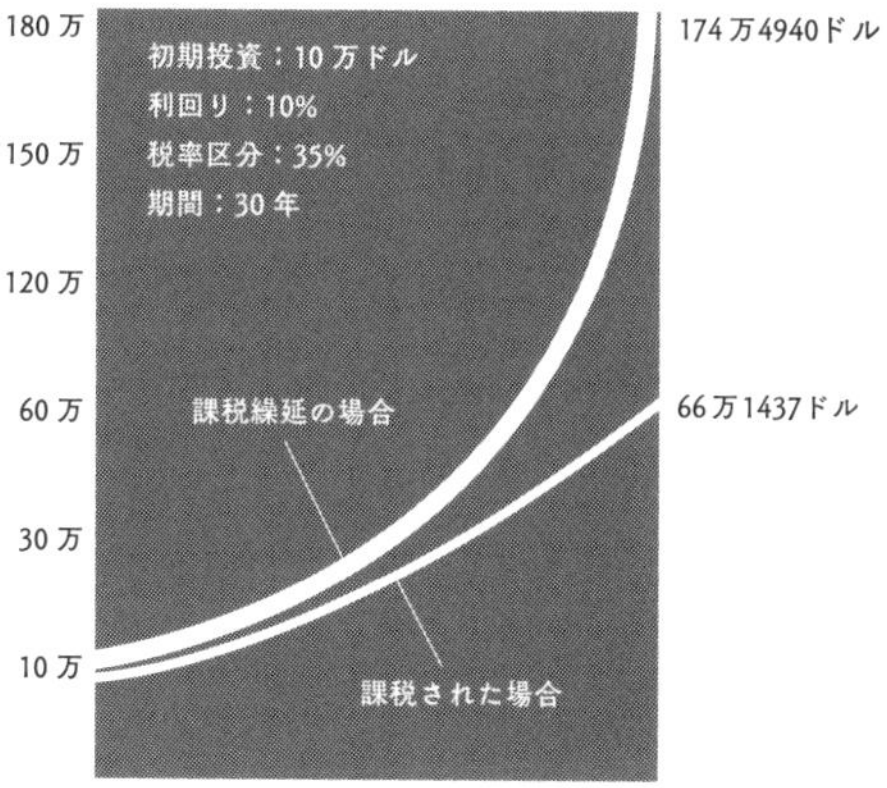

差額：108万3503ドル

バロンと一緒になって笑っている。カウンターにいるビーニー帽の店員も楽しそうだ。

バロンの繰り広げる光景には目をくれず、ヘンリーはグラフの説明を始めた。

「仮に、10万ドルを利回り10％で投資したとしよう。30年したら、66万１０００ドルになる。でも、同じ10万を同じ期間、課税繰延口座（預金を引き出すときに課税される）に預けたとすると、１７０万ドル以上になる。つまり、ほぼ3倍だ」

細々《こまごま》した計算にはついていけなかったけれど、ゾーイにも全体像はつかめた。「ほぼ3倍」なら十分理解できる。

「非課税でお金が増えてるあいだ、お金の増える速度は速いなんてもんじゃない、指数関数的スピードだ。だから、あとで課税されるとしても、お金が増えてからだったら誰も気にしないだろう。

もし、どうしても先に税金を払いたかったら、利子に税金がかからない個人退職金口座（Ｒｏｔｈ ＩＲＡ）を始めればいい。そうすれば、お金は永遠に非課税で増える――その都度税金を払ったあとでね。

でももしいま、自分の口座に全額とっておいてあとで政府に払うのと、一部を政府に渡すのと、どちらでも選べるとしたら、きみはどうするかわからないけど、ぼくなら全部とっておくほうを選ぶな」

ゾーイは、まだ表を見つめていた。

「どうして、みんな、このことを知らないんですか？」

ヘンリーは肩をすくめた。

「それは、すごくいい質問だ。最も単純な真実が何よりも見落とされやすいのか。それとも、相手にされないのか。……つまり、単純すぎるっていうことだよ。印象に残るほどドラマチックじゃないから。どうやってゾウを食べるかっていう話は知ってるだろう？」

ゾーイはラテをひと口飲んでうなずいた。

「ひと口ずつ」

「それこそまさに財産を築く方法なんだ。１ドルずつ。でも、たいていの人が考えるリッチになる方法は、宝くじに当たるとか、まだ誰も知らない新しい仮想通貨やハイテク株の情報を、運よく友達が教えてくれるとかなんだ」

ゾーイはジェフリーのことを考えた。成功間違いなしの次世代インスタグラムを立ち上げる計画。

「または、遺産を相続するとか。例の事故に遭いやすい大叔母さんにピアノが倒れかかってきてね」

（よく覚えてる、と思いながら、ゾーイはにっこりした）

「あるいは、裏庭に埋まってた財宝を発見するかもしれない。みんな同じだってわかるだろう？　どれも漠然とした不毛な希望が形を変えただけ。〝いつか自分の船がやってくる〟のを夢みてるんだ」

そう言って、ヘンリーは首を振った。

「映画なら、たしかに来るだろう。だけど、現実はどうかな？　当たりくじを引いた人がひとりいたら、そのうしろには、当たるわけがないのに並んで待ってる人が何百万人もいる。岸辺にたたずんで、海を見つめて、積荷を乗せた船がやってくるのを待ってる。こんなのはおとぎ話だよ、ゾーイ。空想で自分を慰めてるだけなんだ。ひょっとしたら、空想にふけっていれば、日々の現実に直面しなくていいと思ってるのかもしれない」

「うわぁ」

ゾーイは言った。

「そんなふうに言うと、すごく殺伐とした感じがしますよ」

「実際、殺伐としてるんだ。殺伐こそが多くの人にとって現実なんだよ。19世紀の思想家ソローが〝静かなる絶望の生活〟と呼んだ概念を、金融の世界に置き換えた表現だ。でも、解決策はあるんだよ、ゾーイ。殺伐とすることなんかない。本当は、きみの船はここにある。きみのすぐ足元に。きみはデッキに立っていて、もう船出してるんだ。そして、きみが船長。問題は、どんな航路を取っているか、そして、どんな航路を取りたいかだ」

「お待たせ」

大声でそう言うと、バロンがふたたび会話に入ってきて、小さなテーブルの上に皿を置いた。分厚く切ったケーキらしきものがふた切れ載っている。ゾーイの前にはコーヒーカップを置いた。

「ズッキーニ・ブレッド。それから、ゾーイにはカフェラテを。念のためね」

ヘンリーが目を上げると、入り口の列がドアのところまで伸びている。ヘンリーは立ち上がった。

「ちょっと、失礼していいかな？」

そう言って、入り口のほうへ向かいカウンターの中に入っていった。

バロンは隣のテーブルに置いた小さなトレイのほうを振り返ると、何かホットドリンクの入った小さな陶器のカップをテーブルに置いた。

「それから、淹れたてのエスプレッソ。ストレート。これは、誰の分かと言うと──」

第7章
ビッグ・ハット・ノー・キャトル

「バロン！」

小柄でエレガントな婦人がバロンの隣にやってきて、彼の腕をぴしゃりと叩いた。

「あなたったら、このかわいそうなお嬢さんを困らせてるの？」

「ゾーイ」とバロンが言った。「うちの奥さんを紹介するよ。ジョージア、こちらはヘンリーの友達のゾーイだ」

バロンはゾーイのほうを向いて、内緒話でもするようにささやいたけれど、その声は五つ向こうのテーブルまで筒抜けだった。

「おれにはどうにもわからんね。こいつときたら、このあいだ来たときと同じ写真の前に立って、またぽかんと見とれてるんだ。目を離してるすきに何か変わるとでも思ってるのかね」

婦人はバロンには取り合わず、ゾーイを見ながらヘンリーのいたスツールに腰を下ろした。

「バロンはおしゃべり目当てだけど、私はアートが目当てなの。よろしくね、ゾーイ」

婦人は手を差し出して、ゾーイとやさしく握手を交わした。

「私はたぶん両方です、それから、コーヒーも」

そう言ってゾーイは笑った。

「ああ、そのとおりね」

ジョージアも同意する。バロンがいかにもおいしそうにズッキーニ・ブレッドにかぶりついているあいだ、ジョージアは熱いエスプレッソを吹き冷ました。

「あのヘレナって人は、たいしたものね」

「もし、お尋ねしてもよければ」とゾーイは言った。「おふたりは、ヘンリーとどういうお知り合いなんですか？」

「そりゃあ――」

妻が答えるより先にバロンが答えた。

「おもしろい話なんだ。たしか、えーと、もう……かれこれ15年前になるかな？」

「18年よ」

ジョージアが口を挟むと、バロンは肩をすくめた。

「そうか。18年か。とにかく、ずいぶん昔の話だ。景気は上向きで、石油業界も好調だった黄金時代。いい暮らしをしてたよ。自分は凄腕のビジネスマンだ、とうぬぼれてた。オクラホマ油田の王様、宇宙の支配者ってね。要するに、おれは大ばか者だったんだ。本物の金融のブレーンはここにいたんだからな」

バロンはそばにいるジョージアを見た。

「けど、あまりにも頑固で、それがわからなかった。そうだろ？」

と、バロンは妻に同意を求めるように首をかしげた。

「ノーコメント」

ジョージアが言った。

「テキサスの田舎では、こういう言葉がある」とバロンは続けた。「〝ビッグ・ハット、ノー・キャトル〟。帽子は立派だけど、牛《キャトル》のいないカウボーイのこと、つまり、何もかも見せかけって意味だ。裏づける実体が何もない。それがおれだった。あまりにも手を広げすぎてたんだ」

　バロンはもう一度、そばにいるジョージアに目をやった。ジョージアはほんのひと口エスプレッソを飲む。

「正直言って、おれが足を引っぱったせいだったんだ。ふたりしてあまりにも手を広げすぎちまった。そして景気が一変して、あっという間に、石油業界は好調じゃなくなり、黄金時代も過ぎ去った」

　バロンが入り口のほうを見ると、ヘンリーはカウンターの中でお客のためにせっせとコーヒーを淹れている。

「ヘンリーはどうやって財産を築くかって話をしてくれただろう？」

　ゾーイは答えた。

「1ドルずつこつこつと」

　ジョージアがまた口を出した。

「それは財産を失うときも同じだってわかったのよ」

「そうだな」

　バロンはうなずき、ふたたびゾーイを見ると、

「あの最初の100万のことだよな?」

と、昔を思い出すようにかぶりを振った。

「稼ぐのはあんなに骨が折れる——なのに、いとも簡単に使い果たす。しかも、ずいぶん経つまで使い果たしたことに気づきさえしないんだ。どうしてだろうな」

バロンは肩をすくめた。

「ただ、そういうもんなのかな」

そう言って、バロンはため息をついた。

「で、ある日気づいたら病院にいて、下着姿で医者と向き合ってた。機械やら聴診器やらで、あれこれいじられたり、心臓の音を聞かれたり。あげくに、医者は咳払いをしてこう言ったよ。『バロン、これから私の言うことをよく聞いてください、いいですか?』。それで、酒、タバコ、1日5キロ近く肉を食べるのをやめなかったら、命はないって言うんだ。おれは言ってやったよ。『先生、はっきり言ってください。本当のところはどうなんです?』って。医者はこう答えた。『バロン……道はふたつにひとつです。悪い習慣と心中するか。それとも、生きながらえるか』。

おれはあのクソテーブルの前で、たっぷり1分は医者を見つめてた。それから、ようやく医者が口を開いた。『それで、何か言うことはありますか?』。おれは『ちょっと時間をください！』と言った。『考えてるんです』ってな」

バロンは勢いよく首を反らして、爆笑した。あまりに大声で笑うものだから、入り口のほうにいる客が数人、何ごとかと振り返り、さりげなくこちらをうかがっている。近くのテーブルにいる客の中には、こちらを見もせず、ただくすくす笑っている人もいる。あの人たちは常連で、きっとみんなバロンの話を聞いたことがあるのだろう。

「おれだってちゃんと考えたんだ。数カ月のあいだ、実はなんにもしなかったけど、考えはした。おれが考えたのは、だいたいこういうことだ。まったく、冗談じゃない。肉を食うな？　タバコをやめろ？　カクテルをやめろ？

そんなわけないだろ！　何も飲みすぎだけが問題なんじゃない。おれはあらゆることが問題なんだ。30キロの太りすぎに、30トンの自信過剰。経済状態と結婚生活のどっちが先に破綻するか、競争してるみたいだった」

「それと、心臓もね」

ジョージアが合いの手を入れる。

「ああ、そうだ。忘れてた」

「それは、それは。たぶん、バイパス手術のことも忘れちゃったわね」

ジョージアが言うと、バロンはおかしそうに笑った。

「ああ、そうだ。それもあったな」

互いを引き立てる、ふたりのかけ合いをゾーイは微笑ましく思った。いまが旬のお笑いコンビみたいだ。しかもこのふたり、私の父母であってもおかしくない年ごろなのだ。うちの両親が笑ってるところを最後に見たのはいつだろう？

ジョージアが言った。

「バロンは仕事でニューヨークに来ていて、そのときに深刻な心臓発作を起こしたの。私がタルサから飛んできたときには、手術の準備をしているところだった」

「なあ、おまえ？」

10秒も黙っていると、バロンは落ち着かなくなってきたようだ。

「淹れたてのコーヒーがもう一杯あるか、ちょっと様子を見ててくるよ。ゾーイはどうだい？」

「ああ、ありがとうございます。でも、けっこうです」

ゾーイは答えた。

バロンがのしのしとカウンターのほうへ行ってしまうと、ゾーイはふたたびジョージアを見た。

「それで、バロンは手術の準備をしているところだったんですね」

ジョージアがまた話を始めるまで、少し間があった。

「私たち――」

ふいに、ゾーイはジョージアの目から涙があふれそうなのに気がついた。

「あの人を失うところだったの。まったく、あの頑固者ときたら」

ジョージアは笑って、手にした小さなコーヒーナプキンで片方の目を拭《ぬぐ》った。

「しかもあの人、誰の言うことも聞かなかったの。お医者さんの言うことも、妻の私の言うことも、娘の言うことさえ聞かなかった」

ジョージアは大きく息を吸い込んで、エスプレッソをひと口飲んだ。

「それがね、ヘンリーの言うことは聞いたのよ」

「ヘンリーの？」

オクラホマの石油王と、ブルックリンのコーヒーショップで朝番を務めるマネージャー。いったいどんな経緯で、ふたりの道が交わることになったのだろう。

「そうなのよ。もちろん、すぐにはオクラホマへ帰ることもできなくてね。バロンが退院してからも、しばらくはこのあたりにいなくちゃならなかったの。〝この街を出られるなんて思うなよ〟っていう映画の台詞みたいにね」

ジョージアはまた静かに笑った。

「それで、ブルックリンのアートギャラリーをのぞくようになったの。ある日、この店でコーヒーを飲もうと思って。壁にかかってる写真を見てるうちに長居してたら、ヘンリーに出会ったのよ。ヘンリーとバロンはすっかり意気投合してね。すぐに、ヘンリーはバロンに大切なことを話してくれるようになった」

「お金のことですか？」

ジョージアは笑みを浮かべた。

「食べ物のことや生き方のこと。でも、本当は長生きすることだったのね。初めてヘンリーに言われたことはいまでも忘れない。『健康を築くんだよ、バロン。財産を築くのと同じようにね』って」

ふたりは次の台詞をぴったり声をそろえて言った。

「ひとつずつ、こつこつと」

ジョージアはゾーイに温かい笑顔を向けた。

「それでね、本当にバロンが耳を傾けたのよ」

ジョージアが、いまだに信じられないというように首を振った。

「小さな奇跡が起きて本当によかったわ。じきにお金の話になりはしたけど。正確に言うと、病院から最終の請求書が届いたあとね。あれを見たときは、こっちが心臓発作を起こすところだったわ」

ジョージアはゾーイを見た。

「あなた、『きみはすでにリッチだよ。まだ気づいていないだけだ』ってヘンリーに言われたのよね？」

ゾーイはうなずいた。わお、この人、全部聞いてるんだ。

「まあ、私たちは、ちょうどその正反対だったの。破産寸前だったのに、まだそれに気づいてなかっただけ。もちろん、すぐに気づきはしたんだけどね」

ジョージアは話を中断して、またほんのひと口、エスプレッソを飲むと、ふたたびゾーイを見た。

「自分たちがどれほど手を広げすぎてるか、まるで見当もつかなかった。経済的なことは、バロンにまかせきりだったから。手術のあとでバロンが寝てるとき、初めてこの手で郵便物を開けて、自分たちがどんな状態にあるかがわかった。崩壊寸前だったわ。どの持ち家もすっかり抵当に入っていて、限度額まで使い切ったクレジットカードをつなぎ合わせたら、オザーク湖まで届きそうだったわ。しかも、払ってるのは月々の最低返済額だけ」

ゾーイはたじろいだ。毎月最低返済額といえば、ゾーイの専売特許だ。ゾーイ・ダニエルズ流クレジットカード管理術。

「これじゃだめだってことはわかったわ」

そう言ってジョージアは続けた。

「わからなかったのは、どうしてあそこまでひどい状況になったのかってことよ。ある日、ヘンリーが説明してくれたわ。『ジョージア、もしクレジットカードで2万ドル借りていて、月々最低返済額しか払ってなかったら、返し終えるのに18年以上かかる。利子まで合わせたら、全部で4万6000ドル払うことになるんだよ』って。気絶しそうだったわ。最初に借りた額の2倍以上じゃない！」

「わお」

「しかも、これは1枚のカードだけの話。私たちの落ちた穴にたどり着こうと思ったら、ゼロをいくつか増やさなきゃいけないわ。これも複利の奇跡ね。この話もヘンリーから聞いたと思うけど」

ゾーイはうなずいた。

「まあ、諸刃の剣ということね。私たちを守ってもくれるけど、いとも簡単に敵にもなる。借金も複利で膨らむし、いったん膨らみはじめたら、速さもだけど、怖さも相当のものよ」

ジョージアは昔を振り返るように首を振った。

「うまくいってると思ってたのに、そうじゃなかった。帽子ばっかり大きくて、牛はまったくいなかったのよ」

ふいに、ゾーイの頭に月曜の朝見た、あの奇妙な広告が蘇った。砂漠に打ち上げられた船の映像。

行き先がわかっていなければ、望まないところにたどり着くかも。

「それで、どうしたんですか？」

ゾーイが聞いた。

「そうね。ヘンリーが手伝ってくれて、なんとかする方法を見つけだしてきたの。ひとつひとつね。タルサのばかみたいな豪邸と２軒あった別荘も売り払って。たいした額にはならなくて、ローンを払ってしまうとほとんど残らなかったけど、それでも少しは足しになった。ちょうど、このマンハッタンに小さなコンドミニアムを買うための頭金くらいのお金が残ったわ。オクラホマには二度と戻らなかった。そうやって、ひとつひとつやり直すようになったのよ。

バロンがタバコをやめたのは大きかったわ。本人の言葉を借りると、想定外の配当金だった。あの人が命拾いしただけじゃなくて、毎月の出費がずいぶん減ったのよ」

ジョージアは笑って言った。

「ヘンリーがラテ・ファクターの話をしてくれたでしょ？」

ゾーイはうなずいて、〝ヘンリーに聞いてみること〟と心のノートに書き留めた。まだなんのことかわからないのだ。

「あれね……バロンは、シガレット・ファクターって呼んでたわ。まったく、タバコってやつは！」

ジョージアは有毒ガスを吹き払うように、顔の前で両手をひらひらさせた。

「あの人、タバコをやめたら、ひと月も経たないうちに見違えるようになってね。あれほど続いてた空咳も出なくなった。おまけに、うちの家計に開いてた穴がひとつ塞がったわ。それからね、カードも使わないことにしたの。負債を返済するのには2、3年かかったけど、とにかく払い終えた。車も中古しか買わなくなったわ。うちの母は言ったものよ。『タフな時代がきたら、タフな人は現金を持つ』って」

彼女は笑みを浮かべ、

「座右の銘にしてたの、『中古を買って、現金で払え』って」

そう言うと、エスプレッソの最後のひと口を飲みほし、小さな陶器のカップをテーブルに置いた。

「それから、もうひとつ」

ジョージアはさらに続けた。

「ヘンリーは、私たちを経済的に救ってくれたし、たぶんバロンの命も助けてくれた。でもそれだけじゃなくて、バロンと私の仲もヘンリーのおかげで救われたのよ。それは、ふたりがお金のことについて話し合うようになったからなの。お金のことでけんかをするんじゃなくて、本当の意味で、真剣に話し合う。ふたりで一緒に考えてね。私たち、お金に八つ裂きにされるところだったのよ。それなのに、お金がふたりをもう一度つなぎとめる絆《きずな》になってくれたの。あなた……結婚はしてるのかしら？」

ゾーイは首を振った。

「そう。将来に備えて覚えておくといいわ。お金は、結婚がうまくいかなくなる最大の原因。でも、問題はお金そのものじゃない。お金が足りないことですらないわ。問題なのはね、話し合いが足りないこと。話し合って、ふたりで一緒に答えを出していくことができてないの。

初めてふたりで正直に話し合った日のことは、一生忘れないわ。お金のこと、生活や将来のこと。ふたりが心から望むのはなんなのか、それを実現するためにはどんな段階を踏む必要があるのか。あのときは、ふたりとも教会のネズミみたいに貧乏でうちひしがれてた。でもね、キッチンのテーブルで、ふたりで話し合ったのよ。何もかも包み隠さずに」

ジョージアは笑みを浮かべた。

「私に言わせれば、あのとき、私は世界でいちばんリッチな女性だったわ」

ふたりは、しばらく無言のままでいた。

「とにかく、それ以来ずっと、ヘンリーのところに通ってるってわけ。初めて会ってからそれほど経たないうちに、ヘンリーがバロンの勤めてるエネルギー会社にかなり大きな投資をしてね。いまはふたりして、しょっちゅう新しいテクノロジーの話をしてるわ――あら？　どうかしたの、大丈夫？」

ゾーイは、いきなり砲撃音を聞いたような顔になった。かなり大きな投資、とジョージアは言った。かなり大きな投資？　ヘンリーが？　ゾーイはどきどきしていた。

「ちょっと待ってください。それ以来ずっとヘンリーのところに通ってるって、おっしゃいましたよね？　このお店、ヘンリーが経営してるってことですか？」

ジョージアは手を伸ばして、ゾーイの手をやさしく撫でた。

「そうよ、ここはヘンリーのお店よ。ヘンリーが始めたの」

「ジョージア？」

バロンの声だった。ゾーイたちのテーブルに戻ってきて、腕時計の表面を人差し指で軽く叩いている。

「あら、そうね。空港まで娘を迎えに行かなきゃいけないのよ」

と言いながら、ジョージアは立ち上がった。

「また来週ね、ヘンリー！」

ジョージアは声をかけて、バロンと一緒にドアへ向かった。

「とっても楽しかったわ、ゾーイ！」

ラテをじっと見つめたまま、ゾーイは顔も上げなかった。

第8章

お金にまつわる迷信

通勤電車のLトレインの中で、ゾーイの頭は目まぐるしく回転していた。

ヘンリーがただのバリスタだなんて、どうして思ったんだろう？　バーバラがそう言ったんじゃなかったっけ？　ゾーイは、月曜日のランチタイムの会話を思い起こした。いや、違う。バーバラが言ったのは、あそこにいる年配のほうの人。朝、コーヒーを淹れている。それだけだ。ヘンリーが店員だと思い込んだのは、この私だ。いつもカウンターの向こうであれこれやりながら、みんなのエスプレッソを淹れている、あの姿を見てそう思ったたんだ。それに、ヘンリーはオーナーらしい素振りを一度も見せたことがない。

だけど、バーバラは知ってたはずよね？　どうして教えてくれなかったんだろう？　それに、いったいどうしてヘンリーと話してこいなんて言ったんだろう？　ゾーイは、職場に着いたら、ボスを追いかけて問いただしてやりたい気持ちだった。

でも、そうはしなかった。それどころか、33階にたどり着いたとたん、なんとかしてバーバラに会うのを避けようとしている。

今日は木曜日で、ゾーイは月曜日からずっとボスと話していない。これは偶然ではない。逃げるような態度はとりたくないけれど、例の話をするのが怖いのだ――この会社を辞めて、アップタウンにあるジェシカの広告代理店で、新たな仕事を始める話。

かといって、まだ心が決まったわけでもない。だから、ジェシカのことも避けている。だけど、どう考えても、見送るには惜しいチャンスだ。ゾーイは、いつまでも堂々めぐりを続けるのが嫌になっていた。けっして前に進まず、終わりも見えない（夢にまで見るくらいなんだから、まったくもう！）。それに、学生ローンも、毎月減っているように思えない。それどころか、増えているような気さえする。

そんなことを考えているうちに、ゾーイは、「複利の奇跡」は諸刃の剣だというジョージアの言葉を思い出した。

〝借金も複利で膨らむし、いったん膨らみはじめたら、速さもだけど、怖さも相当のものよ〟

ああ、まったくそのとおりだ、とゾーイは思った。でも、ジョージアとバロンは自分たちで状況を好転させたみたいよね。それも大きく挽回した。少なくともその一部は、ヘンリーのアドバイスのおかげで！

ゾーイにもそれはよくわかった。ヘンリーはいろんなことの答えを知っているようだから。でも、ヘンリーの言っていることは、どれも何かが欠けていて、つじつまの合わないところがある。なんであるにせよ、それがゾーイの心を悩ませていた。

こうして、頭の中では堂々めぐりを続けながら、ゾーイは文章を校正し、段落を整え、パズルの最後のピースをひとつずつはめて、春季号を仕上げていった。

「そろそろお腹がすいたんじゃない？」

ゾーイは椅子を回してバーバラのほうを向いた。もう1時？

「ありがとうございます、バーバラ。でも、やめておきます」

ゾーイのいちばん上の引き出しには、プロテインバーが入ってる。今日はこれでしのぐしかなさそうだ。

「あら、そう」

とバーバラが答えて、ゾーイはまた仕事に戻った。1分後、振り返ると、そこにはまだバーバラの顔があって、こちらを見ていた。

「それで、ヘンリーと話したのね？」

ゾーイはため息をついた。

「実は話しました。バーバラ、どうしてヘンリーがあの店のオーナーだって教えてくれなかったんですか？」

「それは彼の仕事でしょ」とバーバラは答えた。「私のじゃないもの。それに、どっちにしろ、聞かなかったでしょ」

「なかなか、いいジョークですね」

ゾーイは一瞬考えてから言った。

「いったい、どうしてヘンリーと話してこいなんて言ったんですか？」

バーバラは肩をすくめた。

「言ったでしょ、彼は普通の人とは違う見方をするって。あなたがいつまでたっても、お金がないってぐずぐず言ってるから、はっきり言って、うんざりしたの」

ゾーイは笑いながら、バーバラの目がかすかにきらめくのを見てとった――バーバラとしては、ほとんど笑っているといってもいい。

「それに」とバーバラはつけ加えた。「話してこい、なんて言った覚えはないわよ。ほのめかしはしたかもしれないけど」

「うるさいほどほのめかしましたよ」

「そう？」

バーバラは少し考えてから、ふたたび口を開いた。

「それで？」

「それでって、何がですか？」

「それで、どう思うの？　ここ数日のあいだに、ヘンリーの話を聞いたんでしょ？」

ゾーイはため息をついた。

「わからないんです。バーバラ」

ゾーイはラップトップに目をやると、また振り返ってボスと向き合った。

「私……お金のことは、あまり得意なほうじゃないので」

バーバラがパーティションのこちら側にやってきて、ゆっくりと首を振りながら言った。

「ゾーイ、ゾーイ」

「なんですか」

ゾーイは、身構えた感じがしないよう気をつけながら答えた。

「あのね、ふだん、私はチームメンバーの私生活には首を突っ込まないことにしてるの。でもこれから、すべての女性が耳を傾けるべきことを話すわ、わかった？」

「わかりました、ボス」

バーバラは「ボス」と呼ばれるのが大嫌いだ。でも、ゾーイはついそう呼んでしまう。

「真面目な話をしてるのよ。ちゃんと聞いてる？」

「もちろんです」

バーバラはゾーイのそばに来て、デスクの角に軽く腰かけると、話を始めた。

「お金にまつわる迷信……これはジャーナリズム学科でも、ビジネス学科でも教えてくれない」

バーバラがちらっとデスクを見下ろす。

「メモしてる？」

ゾーイは開いたラップトップに向き直り、タイプするため両手を構えて座ると、顔を上げてバーバラを見た。「お金にまつわる迷信」、「学校では教わらないこと」とゾーイが復唱すると、バーバラはうなずいた。

「そう。まず、ひとつめは、収入が増えたらリッチになる、という考え方」

ゾーイは新しいファイルを開いて、見出しを囲みつきでタイプした。

迷信　その1
収入が増えたらリッチになる

「たぶん、ヘンリーからこの話は聞いてるでしょ？　稼ぐ金額と、経済的に安定するかどうかはほとんど関係がない。

　ほとんどの人は収入に問題があると思ってる。でも、そうじゃない。問題は使うほうにあるの。誤解しないでちょうだい。収入が多いのはすばらしいことよ。でも、収入を増やそうと躍起になったところで、お金の問題は必ずしも解決しない」

　ゾーイはタイプしながら、なんとかして感情を顔に出すまいとした。たとえば、罪悪感だ。転職の件をどうしようか迷ってることを、どういうわけかバーバラは知ってるのだろうか？　ありえる話だ。ニューヨークのメディア業界はハイスクールみたいなもの。個人の情報など筒抜けだ。

「問題がなんであれ、収入が増えると、すでにある問題がさらに大きくなる。それは、お金の問題が、お金の習慣からくるものだから。そして、その習慣は収入が増えたからといって変わるものじゃない。お金の問題を解決するのはお金を増やすことじゃない。新しい習慣なの。ここまで、大丈夫？」

「はい、大丈夫です」

タイプしながら、そう答えたものの、本当は大丈夫ではなかった。論理自体はわかる。でも、ゾーイはいまだにこの考え方がよく理解できなかった。私のお金の問題は、お金が足りないことなのに！　お金が増えれば、解決できないわけがない。

「人生に経済的安定をもたらすのは、収入を増やすことじゃない。賢く貯めて投資すること。となれば第2の迷信の出番。つまり、まず余分な現金がたくさん必要、という考え方。〝お金を稼ぐにはお金が必要〟っていうのを聞いたことあるでしょ？」

ゾーイはうなずいた。

「これは、ただ間違ってるってだけの話じゃない。あまりにも間違ってるから、第2の迷信になる」

ゾーイは、改ページを挿入して、新たな見出しを囲みつきでタイプした。

迷信　その2
お金を稼ぐにはお金が必要

「『投資するほど収入がない』——これまで何人の女性がこう言うのを聞いたことやら」

バーバラは続けた。

「こういう台詞を聞くと、叫びだしたくなるわ。これじゃ『思いがけない収入でもないかぎり、けっして前に進めない』って言ってるようなもんじゃない。経済的な安定が、高額な会費を取る会員制のクラブみたいなもんだって。

そんなのどれも間違ってる。財産を築くのに大金は必要ないのよ。ヘンリーは表を見せてくれた？――1日5ドルとか、10ドルとかいうやつ？」

ゾーイはうなずいた。

「あのね、彼は大げさに言ってるわけじゃないのよ。あの数字は嘘じゃない。複利の力は、引力と同じくらい本当の話なの。経済的な安定を達成した人は、たいてい複利の力で達成してる。1ドルずつこつこつと。始めるのに大きな出資金なんて必要ない。必要なのは、自分の置かれた現実とちゃんと向き合って、なんとかするって決心することなの。

それから、自分に向かって『お金のことは得意じゃない』って言うのもやめなきゃだめ。だって、なにも数学の天才や、ウォールストリートの魔法使いでなくたっていいんだから。必要なのは、自分に正直でいられる力。近ごろは、この力を持ってる人がめっきり減ってしまったけど。でも、ゾーイ、あなたは違う。私はいつだってあなたのそういうところが好きなのよ。いい加減なことを言わないところがね。あなたは、いつだって正直者よ」

ゾーイは顔が赤くなるのを感じて、キーボードから手を下ろした。

「おっしゃることはわかります。本当によくわかります。でも、なんて言ったらいいのか……自分の人生がお金を中心に回ってると思いたくないんです」

「そりゃそうよ。でも、そんなことを言ってるんじゃないの。私が言ってるのは、ちゃんとして、お金の不足を中心に人生が回らないようにしろってこと。そして、それはね、自分でやらなきゃいけないの。誰も代わりにやってくれない。

ちょうどその話になったから言うけど、ゾーイ、これが次の迷信よ。たぶん、三つの中でいちばん大きな迷信。抜き差しならない状況に陥って、物事がうまくいかなくなったとき、誰かほかの人――夫とか、アドバイザーとか、白馬にまたがったハンサムな騎士とか誰でもいいけど――自分という人間以外の誰かが面倒をみてくれて、セーフティネットになってくれるという考え方。ほかの誰かが助けてくれるっていう考えね」

ゾーイはタイプした。

迷信　その3
誰かが面倒をみてくれる

バーバラは話を続けた。

「みんなが声高にこう言うわけじゃない。たいてい口には出さない。でも、何を選ぶか、どう行動するかを見てたら一目瞭然。『ボーイフレンドや、夫や、父親や、ファイナンシャル・アドバイザーが面倒をみてくれる』。じゃなきゃ、『まあ、なんとかなるわ』――そんなあなたに、お報せがあります。誰も面倒をみてくれないし、なんとかなったりしません」

ゾーイは、ジョージア・ドーソンの言葉を思い出した。

〝自分たちがどれほど手を広げすぎてるか、まるで見当もつかなかった〟

そして、母の言葉。

〝そういうのは全部お父さんがやってるから〟

「白馬の王子様が大金を抱えてやってくるなんてありえない。自分が自分の王子様になるしかないのよ、ゾーイ。ちなみに、これは女性だけじゃなくて男性にもぴったりあてはまるわ。この世には、誰かがやってくれると思ってる男が山ほどいる。自分以外の誰かが

――弁護士や、ブローカーや、会社や、次期大統領が――自分の経済の行方を見守っていてくれるものだ、って信じてる。そしてそれは、どう考えても間違ってる。

財産はまさに健康のようなもの。人はただ放っておけば健康でいられるわけじゃない。生きていく中で、健康は勝手についてくるものじゃない。自分の健康を人まかせにするわけにはいかないでしょ。財産もそれと同じ。どちらも完全に自分の責任。ほかの誰のものでもない」

ゾーイはタイプを終えて、少しのあいだ、いま聞いた話を検討してみた。顔を上げてバーバラを見る。

「でも、すべての女性が聞く必要のある話だっておっしゃいましたよね」

バーバラはうなずいた。

「そうね、私たちのことを話しましょう。私たち、女の話。この文明の進んだ世の中で、女性の平均収入はいまだに男性より20％少ない。企業が人員を削減するとき大きな影響を被るのも女性のほう。子育てや介護の責任を果たすために職を離れる期間が、女性のほうが男性より約10年長くなる。その結果が積もり積もって、退職金口座の額は男性よりも34％少ない。社会保障給付金も大幅に低い。

にもかかわらず、いい？　女性のほうが平均約7年も男性より長生きするし、結婚の半分は離婚に終わるから、どんな女性も「老後」をひとりですごす確率が高い。既婚男性の80％は死ぬときも既婚のまま、既婚女性の80％が死ぬときは未亡人。生活苦の女性の5人中4人は、夫が亡くなるまで貧乏じゃなかった」

バーバラは話をやめて、ゾーイがタイプするのを待った。

なぜ自分がこれを書き留めているのか、ゾーイにはそれさえよくわからなかった。本当に気が滅入るような話だ。おかげで、ゾーイはまた母のことを思い出してしまった。このごろ、ひどく疲れた様子で、何度もぶり返す腰痛のことはもう話題にもしなかった（でも、めずらしく父と電話で話したときに教えてもらったのだ）。それにこのあいだはインフルエンザがなかなか治らないと言っていたし。もしも、父がいなくったら、母がひとりでやっていけるわけがない。

「ついてきてるわね？」

バーバラが声をかけると、ゾーイは顔を上げた。

「あ、はい。これは、微妙な問題どころの話じゃないですね」

「そうね。楽しい話でもない。でも、重要な話よ。いま、この問題を理解しなさいと言われても難しいのはわかってる。まだ20代だものね。〝リタイア〟なんてまだ先の先。いました話はどれも現実として感じられないでしょ。でも、本当に時間は瞬く間に過ぎてしまうのよ。

そして、驚くほど大勢の女性が、ある日ふと目覚めて、自分がひとりぼっちで、一文無しで、いまさらどうしようもないことに気がつく。そして『いったい、どうしてこんなことになってしまったんだろう？』って考えるのよ」

ゾーイの頭に、月曜の朝に見たイメージが、また閃光のように蘇った。西コンコースの壁に映し出された、砂漠で座礁した船。あの船の船長が、これとそっくり同じことを自分に問いかける姿が浮かんできた。


バーバラがゾーイをおいて仕事に戻ったあと、デスクに向かって1時間もしないうちに、ゾーイは閃いた。ゾーイの心をずっと悩ませてきたこと。ヘンリーに聞きたいことがもうひとつある、と気がついたのだ。あまりにもわかりきったことだったので、ゾーイは自分の額をぴしゃりと叩いた。

あの朝、ゾーイはヘンリーにいくつか質問をした。10%という利率が現実的か。税金はどうなるのか。でも、あれは、本当はジェフリーの質問で、私のじゃない。そして、ジェフリーのいちばん大きな反論、70歳のバリスタに何がわかるんだ？　という疑惑……あれは、ジョージアがすっきりと晴らしてくれたわよね。結局のところ、ヘンリーはバリスタじゃなくて、オーナーだったんだから。「自動化する」話は、どんな期間であれ「まず自分に払う」ことが続けられるか、というゾーイ自身の懸念に答えを与えてくれた気がする。

でも、この中のどれも、本当に私の心を悩ませていたものじゃない。

もう一度、ヘンリーと話さなきゃ。

昨日、帰りにコーヒーショップに寄ったとき、店員の人はなんて言ってたっけ？　いつでも気が向いたときに。いつもだいたい午後の3時ごろだけど、それより遅いときもあるかな。早いときもあるし。

ゾーイはラップトップのメニューバーの時計に目を向けた。2時15分。まだ間に合うだろうか？　間に合うかもしれない――いますぐ大急ぎで駆けつければ。

どうしてこんなに気がせくのかゾーイ自身にもわからない。いったい何が気になるんだろう？　でも、意味があってもなくても、あの質問をしてヘンリーの答えを聞く必要がある。それもたったいま聞く必要が。

ゾーイはラップトップをカバンに放り込むと、バーバラのオフィスに向かって、早退することを伝えた。

「ちょっと用事ができちゃって！」

そう声をかけると、ゾーイはエレベーターへ向かった。

第９章
ラテ・ファクター

ゾーイがヘレナズ・コーヒーに着くと、ちょうどヘンリーがドアから出てくるところだった。

「これは、これは」

ヘンリーは言った。

「こんな思いがけない光栄に浴するとは、いったいどういう風の吹きまわしかな？」

「えーと、あのう、質問があるんです」

ゾーイが言った。駅から6ブロックずっと走ってきたので、まだ息が切れている。

「そうだね」

そう言うと、ヘンリーはドアのほうを振り返った。それから、ゾーイの肩越しに、たったいまゾーイが渡ってきた角のほうを見ると、またゾーイに目を戻した。

「コーヒーでも飲もうか？」

ゾーイはもう少しで、「ぜひ」と言ってヘンリーと一緒にヘレナズに戻るところだった。ところが、どういうわけか、ヘンリーが足早に通りを歩きだしたので、ゾーイもあとを追った。ヘンリーは角を曲がって最初のドアの前で立ち止まると、ゾーイのためにドアを開けてくれた。

スターバックスだった。

ゾーイは入っていいものか躊躇《ちゅうちょ》してヘンリーを見た。ほんとに、ここ？

「どうぞ、お先に」

ヘンリーはにっこりして言った。

ふたりは店内に入りカウンターで注文をした。

「ダブルショットのラテをお願いします。ハーフのデカフェにしてもらえますか？」

と、ゾーイが言うと、ヘンリーも続けて注文した。

「ホットティーをひとつ。できれば、イングリッシュ・ブレックファーストを」

ヘンリーはゾーイの分も払ってくれて（ゾーイは遠慮したけれど、ヘンリーは譲らなかった。昔かたぎだ、と思いながらゾーイは笑みを浮かべた）、ふたりで奥にある小さなテーブルに落ち着いた。

「なんだか、ふたりでスターバックスにいるのって、変な感じですね。冒涜《ぼうとく》的な気がします」

そうゾーイが言うのを聞いて、ヘンリーは笑った。

「そうかな？」

ゾーイはラテをひと口飲んだ。

「まあ、敵を知るのはいいことですよね」

ゾーイは紙のコーヒーカップをヘンリーのティーカップに当て、音の出ない乾杯をした。

「敵陣の偵察に乾杯」

ヘンリーは謎めいた笑みを浮かべ、熱いお湯にティーバッグを何度か浸した。

「実は、白状することがあって――」

ゾーイは話しはじめた。

「昨日、あなたがあの店のオーナーだってわかるまで、聞きたいなと思ってたんです。

『どうしてまた、バリスタが経済的な自由を得る秘訣を知ってるんですか？』って」

ヘンリーはティーバッグにしみ込んだお湯をしぼり出して脇に置くと、真面目な顔でゾーイを見た。

「〝まず自分に払う〟話が本当にうまくいくんなら、なんでまた、ぼくみたいなやつが、70歳にもなって店員なんかやってるんだってことかい？」

ゾーイは赤くなってうつむいた。

「いえ、そういう意味じゃなくて……」

ゾーイは顔を上げてまたヘンリーを見ると、決まりの悪そうな笑みを浮かべた。

「はい。たぶん。そんなところです」

ヘンリーはにっこりして、紅茶を吹き冷ました。

「ちょっと背景を説明したほうがいいね。ぼくがヘレナズを始めたときの話だ。かれこれ30年以上前になるけど、そのころ友達はみんなこのあたりにいたんだ。いまは、誰もいなくなったけどね……」

「あの、私、なんて言ったらいいか」

ゾーイが言葉を探していると、ヘンリーはただおかしそうに笑った。

「いや、そうじゃないんだ。亡くなったんじゃない。引っ越したんだよ。でなければ、店を畳んだ。どうして、ぼくがまだここにいるかわかるかな？　どうして店を畳まずにすんだか？」

「コーヒーがすごくおいしいから？　いや、それだけじゃないですよね。お店の雰囲気がいいからかな？」

ヘンリーがまたあの謎めいた笑みを浮かべたので、ゾーイはさらに言った。

「うーん、あなたのことが大好きな常連客がいるから？」

ヘンリーは笑った。

「それは、すごくいいね。ありがとう。でも、違うんだ。ぼくがまだここにいるのは、あ、い、い、い、い、のビルを買ったからだよ」

「あのビルを買った」

ゾーイはオウム返しに言った。

「隣のビルもね。それから、あの通りにあるほかのビルもいくつか」

これを聞いて、ゾーイは驚きのあまり言葉が出なかった。やっぱりこの人、ただの「風変わりなバリスタ」じゃなかったんだ！

「基本的に、人には二種類あるんだよ、ゾーイ。誰もが毎日お金を使う。そして、使いながら、財産を築いてるんだ。誰もが財産を築く。唯一問題なのは、それが誰のためかってことだ。きみは、家賃を払ってるって言ってたね。借りるっていうのは、人生をなりゆきまかせにすることだ。所有すれば、人生がどこへ向かうかを自分で決めることができる。家を所有していれば、自分の人生の所有権を握ることになる。あるいは、ぼくの場合だと、ビジネスの所有権をね。

たとえば、スターバックス。あれがやってきたときには、誰もが冗談だろうと思ったもんだよ。長続きするわけがないって。お洒落で高価なコーヒーだと？　ふん、ってね。ところが、これが長続きして、大きくなった。じきに、このあたりのほかのコーヒーショップがはやらなくなった。友達はみんな慌てて闘おうとしたんだ。ロビー活動をしたり、反対運動をしたり」

ヘンリーがひと息ついた。決め台詞がくる気配を感じとって、ゾーイはすかさず聞いた。

「あなたはどうしたんですか？」

ヘンリーは笑みを浮かべて言った。

「株を買ったんだ」

ゾーイは手にしたコーヒーを置いて、ヘンリーをまじまじと見つめた。

「ちょっと待って。スターバックスの株を？　あなたが？」

「そう、ぼくが。ほかの連中のやったのは、ここへ来てコーヒーを買うか、または、コーヒーをボイコットして遠ざけにするか。そういうときに、ぼくはこの会社の株を買ったんだ。状況の所有権を握って、将来を決められるようにした、と言ってもいい」

「スターバックスの株」

ゾーイは繰り返した。

ヘンリーはゾーイのほうに身を屈めると、人差し指でテーブルをこつこつと叩いて、次のポイントがくる合図を送った。

「たとえば、仮に１９９２年に公開されたときに１０００ドル分のスターバックスの株を買ったとしよう。現在はどれくらいの価値になってると思う？」

「全然わかりません」

「約25万ドル」

「わお。本当に敵とうまくやってるんですね」

ゾーイがそう言うと、ヘンリーは笑った。

「まあ、そういう見方もあるだろうね。でもぼくは、こう考えてる。誰かがここに来てコーヒーを一杯買うたびに、ふたつのことが起きる。コーヒーを買う人たちは、ほんのひとかけらだけど、このビジネスから借りることになる。コーヒーカップひとつ分くらいね。そして、ぼくはスターバックスをひとかけら所有してるから、ほんの少しリッチになる」

ゾーイはヘンリーの言ったことを考えながら、「二種類の人」とつぶやいた。

ヘンリーがうなずく。

「そのとおり。借りる人と所有する人。そして、そのすばらしい点は、自分で選べるところだ、いつでも好きなときに。まず自分に払って、あの1ドル——あるいは10ドル、20ドル——で、家やビジネスやビジネスの株を買ったり、将来のためになんらかの投資をしたりすれば、自分の人生の所有権を握ることになる。たいていの人が自分の人生をリースで借りてローンを払ってる。まず自分に払って自動化して、それを続ければ、何カ月も何年も経つうちに、自分自身の人生を所有することができる」

「つまり、あなたの場合はビジネスですね」

ヘンリーがうなずく。

「ぼくがあのビルを買ったときは、この地域への投資だと考えてたんだ。自分のビジネスに対する投資であるのと同時にね。それから何年か経つうちに、ゆうに100万ドル以上も価値が上がった。だけど、ぼくの言いたいことは、これなんだ。そもそも、どうしてあのビルを買うことができたのか？　それは、言っておくけど、宝くじに当たったわけでもヒットソングを書いたわけでもないよ。裏庭に埋まってた財宝を発見したのでもない」

「お金持ちの大叔母さんに出くわしたんでもないですよね？」

ヘンリーは笑みを浮かべた。

「そうそう。お金持ちの大叔母さんはやって来ない。そのとおりだよ、ゾーイ。自分で築いてきたんだ。時間をかけて、まず自分に払うことで」

ゾーイは思案しているようだった。何かが彼女を悩ませていることがヘンリーにも感じられた。

「これで、きみの質問にたどり着いたね」

ヘンリーがすかさず言った。

「はい」

ゾーイが口ごもる。

「もう一度あの表を見てたんです。１日25ドルから始めるやつ。貯蓄口座に預けると、40年後に３００万ドル以上になるんでしたよね？　その25ドルは、いったいどこからくることになってるんですか？」

「ああ」

ヘンリーまた紅茶を吹き冷まし、慎重にすすった。

「収入を増やすことが答えじゃないって言いましたよね」

とゾーイは続けた。

「でも、だとすると、給料から10%をひねり出すってことになりますよね。実際には、それ以上を。だってもし、ほんとに1日1時間っていう意味だったんなら、8分の1って実は12%以上だから。これって全部、理論的にはすばらしいと思いますけど――でも、すでにぎりぎりの暮らしをしてたら、いったいどうなるんですか？」

ヘンリーはうなずいた。

「そこだよ、ゾーイ。それこそ、ラ、テ・フ、ァ、ク、タ、ーの出番だ」

ああ。とうとう、ラテ・ファクターの話ができるんだ！　無意識のうちに、ゾーイは椅子にもたれた背筋を伸ばしていた。

ヘンリーはポケットに手を突っ込んで5ドル札を取り出し、テーブルの上のふたりのあいだに置いた。

「これを覚えてるかな？」

「1日5ドル。複利の奇跡」

「そのとおり。じゃあ、同じ考えをきみのコーヒーにも当てはめてみよう」

ゾーイは手にしたハーフデカフェのラテを見てから、またヘンリーを見た。

「私のコーヒーですか？」

「そう、きみのコーヒー。いくらかな、4ドルくらい？」

「4ドル50セントです」

「了解。なんの毒にもならない、まったく取るに足らないもののように見えるだろう？ でも、複利の奇跡が効力を発揮するとどうか。この〝取るに足らない〟4ドル50セントをゾーイの写真口座行きに変更したとしよう。週5日、1年間。利子もまったく考慮に入れずに、1年後に……そうだな」

ヘンリーは首をかしげて計算をした。

「ほぼ1200ドルになる」

ヘンリーはゾーイを見た。

「あの写真についていた値札がいくらだったか覚えてるかい？」

もちろん、覚えてる。ちょうど、1200ドルだ。

ゾーイは、手にしたラテをじっと見つめたあと、またヘンリーを見た。話そうとすると、感極まって声がかすれてしまった。

「1年後にこの写真が買えるってことですか――このラテで？」

ヘンリーはまた紅茶をひと口すすった。

「うわあ」ゾーイは言った。「たった一杯で、ものすごく効き目のあるコーヒーですね」

ヘンリーはおかしそうに笑った。

「そして、ゾーイ、これこそがラテ・ファクターなんだよ」

「コーヒー一杯の複利が生む奇跡」

ヘンリーは、また乾杯しようと紅茶のカップを掲げ、ゾーイのカップと軽く打ち合わせた。

「きみのリビングを飾る、ミコノス島の写真に乾杯」

ゾーイは座ったまましばらく考えていたが、やがて口を開いた。

「じゃあ、バイバイ朝のラテ、ですね？」

ヘンリーの顔から笑みが消えていった。紅茶を置き両手をテーブルに載せて、ゾーイを見ている。

「ゾーイ」

と、ヘンリーは口を開いた。

「ぼくの言ってることを誤解しないでほしい。ぼくは、ラテを飲むのをやめろと言ってるんじゃない。これは、コーヒーの問題じゃない。ラテ・ファクターは、メタファーなんだ。全然なくてもかまわないのに、余計なお金を使ってるもののこと。タバコ、チョコレートバー、お洒落なカクテル、みんなそうだ。

ラテ・ファクターは、けちけちしたり自己否定したりすることじゃない。何が大切かはっきりさせることなんだ。なんであれ、日々のちょっとした無駄遣いや、どうでもいいもののことなんだよ――自分の将来のために簡単に方向を変えられる1日5ドル、10ドル、20ドルのこと。自分に使うことから、まず自分に払うことへ。大きなものにたどり着くために、小さなものをあきらめることだ。

肝心なのは、お金を使っちゃいけないってことじゃない。もちろん使っていいし、使うべきなんだ。人生は楽しむものだからね。心からほしいものはなんでも買ってかまわない。流行の服でも、外食でも、観劇でも。〝まず自分に払う〟かぎりはね」

ゾーイは、信じられないというようにゆっくり首を振った。手にしたコーヒーカップを見つめたまま、ヘレナズの壁に飾ってある、大きな額に入った見事な写真を思い浮かべた。心の中で、あの写真と目の前のカフェラテとを結びつけようとしているのだ。

「じゃあ、ちょっといいかな？　きみの1日を一緒に見てみたいんだけど。典型的な1日。たとえば、今日。アパートメントを出てから、朝いちばんに何をしたかな？」

「ヘレナズでダブルショットを買いました」

ゾーイはそっとつぶやく。

「1200ドルのラテ」

「それから？」

ヘンリーはシャープペンを出し、ナプキンに手早く書き留めた。

「ラテだけかな？　ほかにも何か頼んだ？」

ゾーイはヘンリーに片眉を吊り上げて見せた。

「いえ、ラテだけじゃありません。マフィンも買います。だいたい、レーズン入りキャロットケーキとか、あとは、アップルオーツとか。いちばん栄養のありそうなのを。ちなみに、いつも、すごくおいしいです」

「2ドル75セントだね。記憶が正しければ」

ヘンリーはまたナプキンに数字を書き留めた。

「毎度ありがとう。それから、何？」

「何って、次に何にお金を使ったかってことですか？」

「そのとおり」

「えーと、電車代。2ドルか3ドル。正確には、2ドル75セントです」

ヘンリーが片手をひらひらさせた。

「交通費か。これはしかたないな。次は何？」

ゾーイは、朝の行動を振り返った。

「ときどき、10時ごろに休憩をとって、下の階のジュースプレスにオーガニックジュースを買いにいきます。しぼりたての」

「で、それはいくらかな？」

「7ドル」

「7ドル」

ヘンリーが復唱して、書き留める。

「次は？」

「えーと、ランチですね。うちのボスはお弁当を持ってくるんですけど、私は会社のカフェテリアで何か食べます。それが……」

ゾーイは顔をしかめて、自分がいつもランチにいくらぐらい使うか思い出そうとした。

「それが、14ドルです」

ヘンリーはノートから目を上げた。

「で、ランチのあとは？　何かあるかな？」

「いえ、それでおしまいです」

ゾーイは一瞬考えた。

「あ、待って。ミネラルウォーター。1ドル50セント」

ヘンリーの眉が上がった。

朝のラテ	$4.50
マフィン	$2.75
ジュース	$7.00
ランチ	$14.00
ミネラルウォーター	$1.50
計	$29.75

「わお。実に高尚な水だね。了解」

そう言ってまたナプキンに書き留めると、向きを変えてゾーイに内容が見えるようにした。

「ここまでで何があるか見てみよう」

「最初の1時間分を自分に払うといくらになったか、数字を覚えてるかな？」

ヘンリーは言った。

「退職するとき、銀行に３００万ドルあるっていうやつだけど？」

「25ドル」

ゾーイがつぶやくと、ヘンリーはうなずいた。

「うん。もう十分それを超えてるね。それにまだ、午後のハーフデカフェにたどり着いてない」

ヘンリーはゾーイの前にあるラテに目をやった。

「ミコノス島の波止場の景色が買えるラテだね」

ゾーイはまじまじとナプキンを見つめた。

ヘンリーがナプキンを手に取り、ゾーイに渡す。

「きみのラテ・ファクターだ」

ヘンリーが言った。

「何もかもくだらないものってわけじゃない。何かしら食べなきゃならないからね。でもたとえば、朝は家でコーヒーを淹れて、マフィンとか果物を持っていったらどうだろう？弁当を持っていくことだってできるかもしれないよね？　もし、この１日の出費のうち半分でも退職金口座に振り込むことができれば、その基本的な習慣の変更だけで、かなりの貯金ができる」

ヘンリーの言葉を聞いて、ゾーイは数時間前にバーバラから言われたことを思い出した。

〝お金の問題を解決するのは収入を増やすことじゃない。新しい習慣なの〟

ゾーイはナプキンを手に取って、ポケットにしまった。

「じゃあ、私は、その、出費をひとつ残らず記録するってことですね。毎晩リストをにらんで、何を切り詰められるか検討する？」

ゾーイにとってこれは、最悪の拷問に聞こえる。

「違う、違う」

ヘンリーが言った。

「全然違うよ。重要なのは、いくら使ったか始終気にしたり、逐一書き留めたりしないってことなんだから。覚えてるかい？　予算を立ててもうまくいかないって言ったのを。そのとおりだ。きみの1日を見てみたのは、ただちょっとした証拠を見せるためなんだ――きみはもう十分収入があって、いますぐ財産を築くことができるっていう証拠をね」

ゾーイは顔を上げてヘンリーを見た。

「私は、自分が思ってるよりリッチだっていうことですか」

「きみは、自分が思ってるよりリッチだよ。言っておくけど、これは真実だ。ゾーイ、きみには十分な収入がある。いますぐ経済的に自立できるぐらいにね。問題は、たいていの人と同じように、稼ぐそばから捨ててしまっていることなんだ。栓が開いたままの浴槽にお湯をためながら、どうしていつまで経ってもいっぱいにならないんだろう、温かいお風呂に入りたいのに……って考えてるようなものだ。

巨万の富が育つ種になるはずのものを、ぼくたちはたいして考えもせず、どうでもいいちっぽけなもののために浪費している。家で簡単にコーヒーを淹れられるときでも、いつも外で買う。ランチは毎日外食だ。ミネラルウォーター。見もしないのに追加したケーブルチャンネル。めったに着ない新しい洋服の詰まったクローゼット。払わずにすんだはずの延滞金。

何も、取り上げたり、罰を与えたりしようっていうんじゃない。日々の習慣を変えようってことなんだ。ほんの少しだけね。

そして、それを変えることで、きみの運命が変えられる」

その晩、残り物のピザとルイージの店の新鮮なギリシャ風サラダで夕飯をすませたゾーイは、ミニキッチンにたたずんでコーヒーメーカーとにらめっこをしていた。去年の誕生日にジェフリーが買ってくれた、ちっちゃなエスプレッソマシン。ほとんど使ったことがない。でも、使おうと思えば、使えるよね？

職場ではどうする？　オフィスにあるマシンで無料のコーヒーを飲めばいい？　いろんな種類のブレンドがそろってるあのマシンで？　もちろん、使わない手はない。

じゃあ、ランチは？　ゾーイは、バーバラの年季の入った漆器の弁当箱を思い出して、ため息をついた。もしお弁当を持っていけば、どんなに節約できることか？　そう考えてみても、いっこうにわくわくしなかった。いったい何をつくるつもり？　ピーナッツバターとジャムのサンドイッチとか？

「ははは」

ゾーイはちっぽけなアパートメントで笑い声を立てた。

テレビのほうにちらりと目をやる。めったに見ないこのケーブルチャンネルに、いったいいくら使ってるんだろう？　ろくに着もしない服がどれだけクローゼットに入ってるんだろう？　ほかにはどんながらくたが詰まってるんだろう？　その中のどれだけクレジットカードで払ってるんだろう？　カードには、それぞれどれくらいの利息がついてるんだろう？　そして、もし毎回期限内に支払いをしなければ（実際、してないけど）、どれだけ延滞金がかかるんだろう？

ゾーイはうめき声をあげた。ひとつひとつが、実はいくらかかっているかなんて考えたくもない。がくんと首をのけ反らせ、ゾーイは天井に向かって大声で言った。

「誰か、これ全部、私の代わりにやってくれない？」

もう一度、ははは、と笑ってしまう。迷信その3、ここにあり。

ゾーイは、ポケットに突っ込んであったスターバックスのナプキンを引っぱり出すと、小さなカウンターの上でしわを伸ばした。数字の列の最後にある合計額を見てみる。

29ドル75セント

この数字は、将来どうなるんだろう？　ゾーイはそう考えずにはいられなかった。

ゾーイはカバンからラップトップを引っぱり出すと、カウンターの上で開いた。長期金利を計算するサイトを見つけて、この毎日の出費が、将来いくらになるのかを計算してみる。週に５日、52週間、年利10％で税引き前の口座に40年間預けた場合。毎日のラテ・ファクターの合計額から25セント切り上げてちょうど30ドルにする。数字を入力して計算ボタンをクリックした。

そのとたん、あっけにとられてのけ反った。

もう一度やってみる。さらに、もう一度。

４１１万６５２ドル

４００万ドル以上。

「夢を見てるんだ」とゾーイはつぶやいた。そんなこと、ありえない。

頭の中でジェフリーの声がする。どこで10％稼ぐんだよ？　その件は、ヘンリーが説明してくれた。でも……もし、ジェフリーが正しかったとしたら？

ゾーイは、もう一度計算してみた。今度は利率を10％から7％に下げて。

170万6192ドル

これでも楽観的すぎたら？　もう一度計算をやり直す。今度はたった5％にして。

99万1913ドル

ゾーイは、画面を穴があくほど見つめた。まだ、信じられない。5％でも、ほとんど100万ドルになる。

ゾーイはラップトップを閉じ、毎朝、仕事の前に食事の支度をして弁当箱に詰めている自分の姿を想像してみた。ワン・ワールドトレードの33階でコーヒーを淹れる姿。ランチやダブルショットのラテやその他もろもろを「方向転換」してリッチにリタイアするなんて、本当に私にできるんだろうか？

ばかげた考えを振り払おうとするかのように、ゾーイは勢いよく首を振った。

母が笑いながら言うのが目に浮かぶ。

〝私は、ホイップクリームもつくれないわよ！〟

電話の声がそれにかぶさる。

〝ねえ、ゾーイ、いまあるもので満足しなきゃ〟

ゾーイは、床に置いてあったカバンにラップトップをしまった。

そして、ふと思った。私、これまでのヘンリーとの会話を、雑誌の記事を書くときの目で見てきたような気がする。全体像を求め、横糸でストーリーをつないで……。ゾーイはため息をついた。いまやってるのは、まさにそういう感じだ。編集している雑誌の記事。ほかの誰かの考え、ほかの誰かの冒険、ほかの誰かの旅路。

ほかの誰かの人生。私のじゃない。

携帯が鳴った。ジェシカからのメールだ。

明日は金曜日。代理店に返事をする締め切りだ。それから、ジェシカとの飲み会。やったね！　ってハイタッチして、新たな門出を祝うんだ。

また携帯が鳴った。


ところで、代理店ともう話した？　決定報告聞きたいな☺

ゾーイは携帯の小さな画面を、1時間経つかと思うぐらいずっと見つめていた。やっとのことで、恐る恐る携帯を手に取って、メールに返信する。

明日4時ね☺

ゾーイはふたたび携帯を置いて立ち上がり、歯を磨いて寝る支度をした。ベッドであおむけに横たわり、じっと天井を見る。

ちっとも☺じゃなかった。

ちっとも☺じゃない。なぜだかわからないけど、いまは、誰がなんと言おうと☹だった。

第10章
第三の秘訣

金曜日の朝は、出だしからつまずいた。お弁当をつくろうと心に決めて、ゾーイは料理らしきことに挑戦してみた。自分の雑誌のコラムに載っていた、簡単にできる地中海風レシピ。この努力がもたらしたのは、黒焦げの野菜とむしゃくしゃする気分だけで、ゾーイのいらいらはどんどん膨らんでいった。

夜には、心底震えあがるような夢をみた。また、あのランニングマシンの悪夢だ。今度は、ランニングマシンが灼熱のマグマの上に吊るされていて、すさまじい勢いでスピードを上げるマシンの上で走りつづけなければならない。さもないと、落っこちて黒焦げになってしまう。猛烈な熱気が下から立ちのぼってくる。焼けつくような灰がひらひら舞い上がり、ゾーイの髪の毛や顔を焦がす。堪えきれずに悲鳴をあげ、その声にぎくりとして、ゾーイは目を覚ました。

午前3時の真っ暗闇の中、ベッドに横たわったまま、ゾーイは心を決めた。

今日、ジェシカの代理店から電話がかかってきたら、オファーを受けよう。

春季号を片づけたら、今日こそバーバラをランチに誘って――社内のカフェじゃなくて、どこかあのビルの外で――そのとき話そう。バーバラと話すのは気が進まないけど、しかたがない。収入が増えてもお金の問題に対する究極の解決策にはならない、と反対されるだろうし、バーバラの言うとおりなのかもしれない――でも、それにしたって、現実的にならなきゃ。大幅に収入が増えて困る人なんていやしない。

カバンをつかんで玄関ホールに出たゾーイは、外が大雨なのに気がついた。傘を取りに戻ってから、Lトレインへ向かう。ひどい水たまりにはまらないよう気をつけながら、気の滅入るような天気の中を、ゆっくりと歩いた。今日は家を出るのが遅かったし、どちらにしても、ヘンリーと長話をするつもりはなかった。100万ドルの夢物語はもうたくさん。本当は、ラテとマフィンの朝食もきれいさっぱり忘れて、次の電車に乗ったほうがいいのかもしれない。

それなのに、歩いていると、心のノートにメモしたヘンリーの言葉をついつい吟味してしまう。ゾーイの持つ編集者の頭脳が放っておかないのだ。

雑誌をつくるときは、まず、いい素材が含まれてはいるものの、全体像がぼやけていて捉えどころのない断片がやってくる。筆者があまりにもアイデアを詰め込みすぎていることもあるし、肝心なポイントが見落とされていることもある。あるいは、アイデアははっきりしているのに、展開がうまくいっていなかったり、自然な結論に達していなかったりすることもある。

じゃあ、この場合の自然な結論って、いったいなんだろう？

駅のすぐそこまで来て、ゾーイは足を止めた。

「すみません――ごめんなさい」

何人かの歩行者に向かって、ゾーイはぼそぼそと謝る。その場で根が生えたように立ち尽くしているゾーイに誰もがぶつかったからだ。

ヘンリーはなんて言ってたっけ？

〝財産とか、経済的な自由とかいうのは、そんなに複雑な話じゃない。単純な三段階のプロセスなんだ……ぼくは、経済的な自由を得るための三つの秘訣と呼んでる〟

まず自分に払う……ふたつめが自動化する……。

三つめの秘訣はなんだっけ？

ゾーイはくるりと踵《きびす》を返すと、ヘレナズへ向かった。


――――――


10分後、コーヒーショップの傘立てにはゾーイの傘が立っていた。ゾーイ自身もまた、ヘンリーと向き合ってスツールに座っていた。

「ああ、第三の秘訣だね。了解」

ヘンリーはスツールに深く腰掛け、片膝の上で手を組んだ。

「じゃあ、大切なことを話そう」

「わかりました。聞かせてください、大切なことって？」

「いや、そうじゃないんだ。きみが話すんだよ、ぼくに」

ヘンリーは、笑みを浮かべて首を振りながらそう言った。

「おっしゃってることがよくわからないんですけど」

「いままで、ぼくたちは、リタイアに備えて貯金することを話し合ってきたね。まるで、大きな意味があることのように……でも、本当のところ、どれだけ意味があるんだろう？　きみにとって、ということだけどね。もちろん、きみにだって、いつかその日がくるのはわかってる――半世紀ぐらい経ったらね。ぼくにとっては、70代はまぎれもない現実で、いまその真っただ中だけど、きみにとっては、どれも心からは実感できない。いまのところは。そうじゃないかな？」

たしかに、そのとおりだ。バーバラから、老年期に女性が貧困に陥るという話を聞いてパニックになったときもそうだったけど、それと同じくらい、40年先は遠い未来のように感じられた。

「だから、リタイアに関する質問はひとまず置いておこう。きみの人生についてはどうかな？　これから先40年、50年のあいだに起きるあれこれについてだよ。きみの夢は？」

「夢ですか？」

ゾーイは身震いした。まさか、あんな夢の話、聞きたくないですよね？

「悪夢のことじゃないよ」

ゾーイの心を読み取ったかのように、ヘンリーがやさしく言った。

「きみの思い描く夢だ。ずっとやりたいと思ってることを聞かせてくれないかい？」

考える間もなくゾーイの口から言葉がこぼれ出た。

「うっとりするほど、きれいな写真を撮るための勉強をする」

「フォトレッスン。いいね」

「大成功しようなんていう、大それた野望じゃないですけど」

ヘンリーは思案するように首をかしげて言った。

「自分の夢を軽んじちゃだめだ。大きいほうがいい夢だとはかぎらない。夢は夢。いちばんささやかな夢が何より心をつかんで離さないこともある。実現できる可能性も間違いなく高い。きみのその夢みたいにね。フォトレッスンを受けたいと思ってるんだね。なら、やってみたらいいじゃないか？」

答えようとしたゾーイを、ヘンリーが人差し指を立てて制した。

「ちょっと待った。ひとつ条件がある。『お金がないんです』は禁句だ」

「わかりました」

ゾーイは少し考えてから口を開いた。

「レッスンにはすごくお金がかかるから」

ヘンリーはおかしそうに笑った。

実を言うと、ここ数年ぜひ通いたいと思っているコースが近くにある。授業料もすごく高いわけではない――６００ドルより少し安い。でも、ゾーイはこれだけの額を捻出できたためしがなかった。

「了解。じゃあ……ちょっと見てみよう。きみはもう、４０１（ｋ）が天引きされるようにしたかな？」

ゾーイのためらいを見てとって、ヘンリーが言った。

「まだなんだね」

「はい……まだです。しようかなとは思ってるんですけど」

ヘンリーはあごを引いて、怖い顔をしてみせた。

「いまのは聞かなかったことにするよ」

ゾーイは屈託なく微笑んだ。

「それで――」

とヘンリーは続けた。

「いま、例の退職金口座に少しずつお金が貯まるようになったから――あるいは、貯まるようになったら、きみに必要なのは夢をかなえる口座かもしれない。退職金口座とはまったく別に、フォトコース用の資金を貯めるための口座を開く。ゾーイのフォトコース口座という名前にしよう。その口座に自動預金ができるように設定して、たとえば、月に１００ドル。１日３ドル50セント以下だ。そのコースの授業料はいくらかかるのかな？」

「600ドルぐらいです」

「そうか。じゃあ、半年後にはコースに通える。夢の実現だ。次へ行こう！　ほかにずっとやりたかったことはあるかな？」

ゾーイは固まってしまった。どういうわけか何ひとつ思いつかない。

「あのう……」

ゾーイはお手上げという素振りでヘンリーを見た。

「何も思いつかないんです」

「じゃあ、ちょっと目をつむって」

ゾーイは目を閉じた。

「大きく息を吸って……それから、吐いて」

ゾーイは深く息を吸って、それから、吐いた。

「よし。じゃあ、振り返ってみよう。これまでの人生で、抑えのきかない、わきかえるような喜びを感じたときのこと」

ゾーイは深く息を吸って、ゆっくりと吐き出した。

ゾーイは両親の車の後部座席にいて、北へ向かうところだった。7歳のとき、家族みんなでメイン州の海岸を車で旅しているときのことだ。

3人で波打ち際を歩いている。低木の茂み、空を舞うワシの姿、巨岩でできた海岸線、凍てつくように冷たい水。宿に戻ったら朝食だ。風味豊かな小粒のブルーベリー。そして、いままで食べた中でいちばんおいしい（もちろん、ブルーベリーの）パンケーキ。

「はあ」

目を閉じたまま、ゾーイは息を漏らした。もう何年も、あの旅を思い出したことはない。

ゾーイはつぶやくように、この旅の思い出をヘンリーに語った。

ロブスターボートに乗って3人で海に出たこと。深緑色のさざ波に胸が高鳴ったこと。船長が少しだけ舵《かじ》を握らせてくれたとき、手に残ったきめの粗い木の感触。何もかも話した。

「海に出たのはあれが初めてだったんです」

「じゃあ、ゾーイ」

ヘンリーがやさしく言うのが聞こえた。

「そのとき、メイン州の海岸のボートの上で、どんな感じだった？　その旅のどんなところが大好きだったんだろう？」

ゾーイは目を開けてヘンリーを見た。ヘンリーの目が輝いている。

「冒険みたいな感じ。このまま船出して、どこへでも行けるっていう気持ち。まるで、空を飛んでるみたいだった——あの自由な感じ」

ゾーイはひと呼吸おいて、また同じ言葉を繰り返した。

「自由」

ゾーイはまた目を閉じ、少しのあいだこの言葉について考えた。

フリーダム・タワー。

会社のカフェから毎日見える景色。自由の女神。

「もしかしたら、それが私の求めているものなのかもしれません」

ゾーイはつぶやいた。

「ただフォトコースに通うんじゃなくって。あの自由な感じ。自分はやりたいことができるって、ただ確かめたいのかも。行きたいときに、行きたいところに行けるって」

ゾーイは目を開けると、顔を赤らめた。

「そんなのわがままですよね。というか、現実的じゃないし」

ヘンリーは瞬きもしなかった。

「さあ、それはどうかな？　ぼくには、筋の通ったことに聞こえるけど。もし、きみが何か特別なことをするためこの世に生を受けたのなら、それをするための自由がほしいと思うのは、あたりまえだと思うよ」

ゾーイは、かすかにうなずいた。

「たぶん、そうですよね。それは、わかります」

「じゃあ、聞かせてくれるかな。メイン州の海岸でその小船に乗っていたとき、そのとき感じた自由の感覚は、きみに何を与えてくれるんだろう？」

ゾーイは、ふたたび目を閉じた――するとすぐに、ゾーイはまたボートにいて、思いがけず口から言葉が跳び出した。

「冒険！」

ゾーイは目を開けてヘンリーを見た。

「そんなこと、考えてもみなかった。でも、それが、私の求めてるものなんですね。冒険をする自由。見たことのないものを見て、行ったことのない場所を訪ねる」

ヘンリーはうなずいた。

「それで、きみの仕事は？」

ゾーイは戸惑った顔でヘンリーを見たが、やがて安心したようににっこりした。

「ああ、すごくいいポイントですね」

ゾーイは、旅行雑誌で編集補佐として働いているのだ。ほかの人の旅を綴った言葉に磨きをかける仕事。

ほかの人の冒険。

「もし、差し支えなければ」

ヘンリーは穏やかな声で続けた。

「どんな冒険かな？　その冒険が与えてくれるのは……なんだろう？」

ゾーイはもう一度目を閉じて、考えてみた。もし、好きなところへ行って、好きなことができるとしたら、私は何をするだろう？

「スカイダイビングとかモトクロスじゃない。登山でもない。世界一美しい場所をこの目で見るために旅をする、そういう冒険」

ゾーイはまた少し考えてから答えた。

「刺激っていうのとはちょっと違う……美を求める冒険」

ゾーイが目を開けると、ヘンリーはシャープペンを出して、小さなモレスキンの新たなページに三つの言葉を書き留めた。

自由、冒険、美

「どうしてたいていの人が貯金しないかわかるかな、ゾーイ？　貯金したとしてもほんの少しだけで、本当に意味のある額には及ばないのはなぜか？　それはね、ポイントが見えてないからなんだ」

ヘンリーは自分の書いた三つの言葉を見ながらうなずいた。

「これがポイントだよ。もっと大きな家とか、もっといい車とか、別荘とか、たんにもっと高い給料がほしいとみんな言う。でも、そういうのはどれも本当に大切なことじゃない。大切なのは、それがもたらすものなんだ。

このきみの夢。ゾーイ、それがフォトコースみたいに短期的なものでも、世界一周旅行みたいにもっと長期的なものでも、きみの夢こそが大切なんだ。大切なんてもんじゃない。酸素みたいなものだ。夢がなかったら、人生は窒息してしまう」

それから、ヘンリーはこうつけ足した。

「このリストは、たぶんまだ完成してない。見直しをして、編集して、何かつけ足したくなるときが、きっとやってくる。でも、これがきみの価値観なんじゃないかな。本当に大切なものだと言っていいだろう。きみにとってのね」

ヘンリーは、またページを見ながらうなずいた。

「じゃあ、質問だ。毎日の行動や選択の結果、きみは大切なものを手に入れているだろうか？　きみのお金の使い方は、きみにとって大切なものとつながっているだろうか？」

ゾーイは一瞬考えてから言った。

「抑えのきかない、わきかえるような喜びをもたらしてくれるかっていうことですか？」

ヘンリーは笑みを浮かべた。

「まさに、それがぼくの言おうしていることだ」

ゾーイは、じっと言葉のリストを見つめた。どういうわけか、頭の中で母の声がした。〝ねえ、ゾーイ、いまあるもので満足しなきゃ！〟。私は、満足してるんだろうか？

ゾーイは、ふたたびヘンリーを見た。

「個人的なことをお聞きしもいいですか？」

ヘンリーはにっこりして答えた。

「もちろん」

「あなたに、正真正銘の、わきかえるような喜びをもたらすものって、なんですか？」

ヘンリーは背を反らせて、しばらくのあいだゾーイを見ていたが、やがて小さくうなずいた。

「それは、本当にいい質問だ」

ヘンリーはスツールから立ち上がって言った。

「ちょっと、歩こうか？」

広い店内をふたりでまわりはじめると、ヘンリーが口を開いた。

「36年前のことだ。ぼくは、仲のいい友達から、いまとまったく同じ質問をされた。それまで、そんなことは考えたこともなくて、自分がその質問に答えられなかったときは、愕《がく》然《ぜん》としたよ。ぼくは、不幸な人間じゃなかった。名だたる事務所で働く若手の建築家だったんだよ。前途有望で、ゆくすえも安泰。仕事も同僚も気に入っていた。でも、抑えのきかない、わきかえるような幸せを感じていたか？」

ヘンリーは首を振った。

「答えは、ノーだった。感じてないと、認めざるをえなかった。毎日何時間も、ただどうでもいいものの代金を払うために、あくせく働いてたんだよ——自分が心から望む人生に近づくためじゃないものにね。

それで、ぼくは所長のところに行って、ちょっとした休暇をとらせてもらった。そして、飛行機を予約して荷作りをすると、ヨーロッパへ旅立った。最初は、ほんの2、3週間のつもりだった……つまりその、人生の見直しをするために。その休暇のことを〝徹底的な《ラディカル・》有給休暇《サバティカル》〟って呼んでね……結局、二度とその仕事に戻ることはなかったけど」

ヘンリーはおかしそうに笑った。

「友達からは、頭がおかしくなったのかって言われたよ。こんな申し分のないキャリアを捨てるなんてってて。ひょっとすると、友達の言うことが正しかったのかもしれない。でも、ゾーイ、ぼくはずっと、何年ものあいだ、自分に言い聞かせてきたんだよ。『ヘンリー。いつかかならず、おまえは世界を旅するんだ。この星の、目もくらむほど美しい場所を見つけ出して、その手で捉えるんだ』って。

だから、ぼくは行動した。人生最高のときはリタイアするまでとっておけ、っていう考え――あれが、とつぜん、なんの意味もないものに思えたんだ。ぼくは事務所に辞表を出して、それから、さらに6カ月旅を続けた。帰ってから、気に入ってた地域に小さな空き店舗を借りて、中小企業向け融資を受けた」

「そして、コーヒーショップを始めた」

ゾーイの言葉にヘンリーはうなずいた。

「そして、まず自分に払いはじめた。他人にコントロールされるんじゃなく、人生を自分のものにするために。何年もしないうちにビルも自分のものにできた。そして、最初の旅をしてから、毎年6週間休暇をとって、世界を見る旅に出かけてるんだ。この36年のあいだに100カ国以上をまわったよ」

ふいに、ゾーイはずっとすぐ目の前にあったことに気がついて、背筋を震えが走った。

「この写真――」と、ゾーイの口からささやきがもれた。「全部あなたが撮ったんですね」

ヘンリーはゾーイを見て微笑んだ。

「前にも言ったけど、きみがとても惹かれてた写真、ぼくもあれがいちばん好きなんだ」

ふたりは、ちょうど、夜明けのミコノス島の写真の前に立っていた。ふたり並んで、またこの写真を見つめている。

「今日は、この写真を、たったいま撮ってるみたいに感じるよ」

ヘンリーの声は穏やかで、はるかかなたから聞こえてくるようだった。

「シャッターを切ったあと、ぼくは振り返ってカメラを置いた。それから、ひざまずいてプロポーズをしたんだ」

「それで、彼女はイエスって答えた」

「そう、イエスって答えた」

「それが、ヘレナ？」

ヘンリーは微笑んだ。

「そう、それがヘレナ。トロイのヘレンみたいに、ギリシャじゅうでいちばん美しい女性。ここで初めて会ったんだ。この波止場で、この写真を撮る数週間前にね。まさにあの最初の旅、ラディカル・サバティカルのときだ。それで、一緒にアメリカまでついて来てくれた。だから……」

ヘンリーは、黙って両腕を広げ、コーヒーショップにあるすべての写真を腕に抱くような仕草を見せた。ほら、ここにいるよ、と言ってるみたいに。

ヘレナズ・コーヒー。

「ぼくの生きてきた証《あかし》」

ヘンリーは言った。

「あれからずっと、イエスって、言いつづけてるんだ」

この写真の何にこんなにも惹かれていたのか、ゾーイにもやっとわかった。ただ景色が美しいからじゃない。瞬間の美しさがあるからだ——愛と無限の可能性にあふれ、まばゆい黄金の光を放つ瞬間が。

そして、考えてみれば、ここにある写真はみんなそうなのだ。どれもヘンリーの人生の、かけがえのない瞬間を捉えている。永遠に留められた瞬間を。

さらに、ゾーイが心の中で息を吸い込むと、ふいにヘンリーのことも腑《ふ》に落ちた。ここ何日かずっと言葉にしようとしてきたもの。そばにいたいと思わせる何か。ゾーイだけではなく、バロンやジョージアやバーバラ、ほかにもたくさんの人たちを惹きつける、〝磁力みたいな何か。カリスマ性に似てるけど、それともちょっと違う〟——前はそう思った。

でも、違う。これは静かな喜び、ある種の満足感みたいなものだ。そうだ、この人は、数かぎりない瞬間に浸った人なのだ。ひとつひとつ、どれもリッチに生きた瞬間に。

才覚のある人とも違う。昔かたぎでもない。風変わりでも魅力的でもない。頭がいいのとも違う。

この人はリッチなのだ。

ただお金があるからリッチなのではない。人生そのものがリッチなのだ。

「じゃあ、これが第三の秘訣なんですね？」

ゾーイがそう言うと、ヘンリーが笑みを浮かべる。

「そのとおり。この第三の秘訣がなければ、最初のふたつの秘訣には目的がなくなってしまう。第三の秘訣がなければ、最初のふたつは、結局のところうまくいかない——たぶん、どちらもやらないからね」

ヘンリーは、ノートをめくって、ふたつの秘訣を書き留めたページを開き、もう一行書き加えた。

3　いまをリッチに生きる

「最初のふたつの秘訣——まず自分に払う、自動化する——これは、方法。そして、こっちは理由。大切なことを見極めて、それに従う。

いまをリッチに生きる。はるかかなたの未来じゃなくて、今日をリッチに」

第11章
ミリオネアがすぐそこに

33階でエレベーターから一歩踏み出した瞬間、ゾーイの怒涛の1日が始まった。今日は、春季号の締め切り日だ。オフィスにいる人間はみな、なりふりかまわず追い込みをかけている。略歴や写真のキャプション、最後の書き直しがこれでもかと押し寄せ、早くしろとゾーイにせがむ。ゾーイは、これらすべてと向き合い、ひとつひとつ片づけていく……なのに、作業中も頭の中では、ランチタイムになったらバーバラになんと言おう、と考えていた。まだ、ジェシカの代理店に、正式にオファーを受けるという電話はしていない。でも、今日中には返事をする必要がある。そして返事をする前に、ここを辞めるつもりだとボスに伝えなければならない。

考えただけでも苦しくなる話だ。

とうとう1時になり、バーバラがゾーイのデスクに顔を見せた。

いつの間にか雨はあがり、もやも晴れ、日差しで歩道が乾きはじめている。ふたりはトライベッカにある店に行くことにした。オフィスの数ブロック先で、テラス席のあるレストランだ。店に向かって歩きながら、ふたりは、すでに進行中の夏季号のアイデアについていくつか意見を交わした。

席につくと、メニューをざっと見て注文をした。1分ほどおしゃべりをしてみたものの、ふたりとも意味のない無駄話にはこれ以上耐えられなかった。

「それで――」

少し沈黙が流れたあと、バーバラが口を開いた。

「何か話があるんでしょ？」

「はい……そうなんです」

ゾーイはためらいがちに言うと、ロールパンをふたつに割って、片方をオリーブオイルに浸した。

「そう……それで、なんの話か、私が当てるってこと？」

ゾーイは、力なく笑った。

「すみません。違います。もちろん、そうじゃないです。あのう……私、ただ……」

ゾーイは口ごもり、手にしたパンを置いて、困ったようにバーバラを見た。

「私、ちょっと、よくわからなくなってしまって」

バーバラは、ゾーイの腕に手を重ねた。

「落ち着いて、ゾーイ。私よ。取って食ったりしないから大丈夫よ」

ゾーイはうなずいた。

「変なんです。この話、何もかも。ヘンリーのコーヒーショップで。お金とか複利とか財産とか。そういう話で、私……」

「混乱した？」

「そうなんです。混乱してしまって」

「どうして？　ただ話をしただけでしょ？」

「そうです」

そう、ただ話をしただけだ。

「何もかも、どこか別世界のことを話してるような感じで。このあいだ会った石油王の人なんて、最初の100万ドルを貯めるのが何より重要な基準になるとか言って。私も隣に座って、うなずきながら、『ああ、そうね、あの最初の100万でしょ、懐かしいわ。あれは、ちょうど歯列矯正のブレースをはずしたころだったな』みたいな」

バーバラは笑って鼻を鳴らした。

ゾーイはまたパンを手に取ってみたものの、そのまま食べずに持っていた。

「でも、言ってることはわかりますよね？　こんなところで、この人と何百万ドルがどうとかいう話をして、いったい何やってるんだろう？　というか、そもそもどうして私はこんな会話に交じってるんだろう？　こんなの、私の人生じゃない。私は一生お金持ちになんてなれっこないんだから」

バーバラは少し待ってから言った。

「どうしてそう思うの？」

「だって――」

いらいらした声にならないよう気をつけながら、ゾーイは言った。

「だって、バーバラ、ほかの人たちは、お金の余裕がありますよね？　経済的な自由がある。ものすごく高価な美術品を買える人。お洒落な広告代理店で働いてる人。テレビに出てる人。うちの雑誌を読んで世界旅行をする人。みんな、行きたいところへ行きたいときに行けるんです。バーバラ、これはみんなほかの人たちであって、私じゃない！」

「あら」と言うと、バーバラはまた繰り返した。「どうしてなの？」

「どうしてって？　だって、私……学生ローンが山ほど残ってるし、クレジットカードの管理もできないし、家賃を払うだけで精一杯だし。それどころか、ちゃんとしたランチさえつくれないんです。つくったりしたら、大けがをしたり火事になったりするのが落ちなんです！」

ゾーイはすっかり取り乱して声が震えてきた。

「私、お金のことはさっぱりわからないし、バーバラ。お金のある環境で育ってないんです。私は私だから……だから、だめなんです」

バーバラは何も言わなかった。

「じゃあ、教えてください、バーバラ」

ゾーイは言った。

「どうしてですか？　教えてください。どうしてお金持ちにならなきゃいけないんですか？」

ほかの客が何人かこっそりこちらをうかがっている。でも、そんなことはどうでもよかった。

バーバラは、ふと穏やかな顔でゾーイを見ると、静かに言った。

「どうしてお金持ちになっちゃいけないの？」

ゾーイはゆっくり大きく息を吸い込んで、自分を落ち着かせようとした。

「まったくもう、なんでこんなに取り乱してるんだろう！」

それを聞いて、バーバラがかすかな笑みを浮かべたので、ゾーイも少し笑ってしまった。

「頭がおかしくなっちゃったのかも？」

ランチが運ばれてきて、ウェイターがテーブルに並べるあいだ、ふたりは無言のまま周囲を眺めていた。人波が尽きることなく流れてゆく。

ウェイターが行ってしまうと、バーバラが口を開いた。

「ここに座ってから、このテーブルのそばを何人の人が通り過ぎたと思う？」

ゾーイは考えてみた。

「さあ。2、300人かな？　もっとですか？」

「そのうち誰ひとり知らなくても、言えることがある。あの中から無作為に100人をつかまえて、全員に聞き取り調査をしたら、ほとんどの人が、貯金はゼロか、ゼロに等しい。そして、借金で首が回らない人もたくさんいる。もっと言うとね、ずいぶんお洒落をした人たちが通ったでしょ？　あの中にもマイナス残高を抱えてる人がいる。持ってるのより借りてるほうが多い。驚くほど借りの多い人もいる」

ビッグ・ハット・ノー・キャトルだ……とゾーイは思った。

「それから、もうひとつ言えること。その無作為に選んだ同じ100人のうち、実際にまず自分に払って、純資産で100万ドル以上貯めることのできた人が何人いるかわかる？たぶん、5人。これがこの国の現状。100人のうち5人。つまり、20人に1人」

「そうなんですか」

「そうよ。じゃあ、どの人がどっちに属するか、見分ける方法がわかる？　見ただけでよ。ほら、やってみて。どう？」

ゾーイはサラダをひと口食べて人波を眺めた。ほとんどがビジネスマンで会議から会議へと足早に通り過ぎてゆく。それに交じって、魚の群れみたいな観光客の一行が有名な建物のあいだを行き来している。


「だめです。どうやったらわかるんですか？」

ゾーイが肩をすくめると、「わからないわよね」とバーバラが答えた。

「私にもわからない。決定的な証拠なんてないの。〝タイプ〟もないし。特別な階級や特権グループもない。財産のある人にほかとは違う目立ったところは何もない。ほかの人と同じように見える。ただ、ほかの人とやり方がちょっと違うだけ。そういうこと。もし、〝ミリオネア〟と聞いたら、あなたは何を思い浮かべる？」

「お金がありそうで、贅沢《ぜいたく》なものに湯水のごとくお金を使う人」

ゾーイがそう答えると、バーバラはあきれたように、ふんと笑った。

「まあ、そうね。たいていの人がそう考える。でも実際は、その正反対の場合がほとんど。裕福な人はたいてい、自分にとって本当に大切なことにお金を使う――それ以上でもそれ以下でもない。どうでもいいものにお金を使うのは、不裕福な人たち」

不裕福な人たち。そんな言葉、初めて聞いた。

「そして、経済的に安定した人とかミリオネアとか……そういう人はお隣さんかもしれないし、家に来る配管工もしれない」

バーバラはランチをひと口食べて、こう続けた。

「行きつけのコーヒーショップのオーナーということもある」

その言葉にうなずいて、ゾーイはまたサラダを食べた。

「そのとおりです。いまだに信じられない気持ちですけど、でも、事実です。たしかに、行きつけのコーヒーショップのオーナーかもしれません」

すると、バーバラはまたひと口食べて、こう言い足した。

「あるいは、職場のボスかもしれない」

サラダから目を上げると、ゾーイはナイフとフォークをテーブルに置いた。驚きのあまりのけ反って、まじまじとバーバラを見つめてしまう。やっとの思いで、ゾーイは言葉をしぼり出した。

「はい？」

バーバラはため息をついた。

「いい？　この話はしたくないの。だから、ここだけの話にしてちょうだい。わかった？」

ゾーイはうなずいた。

「ヘンリーの言う、あれね？　あれを私はもう何十年も続けてるの。給料をもらう年齢になってからずっと。ヘンリーと知り合うずっと前からね」

ゾーイはなんとかして言葉を見つけようとした。

「ボスが。でも、誰が……？　どうやって…？」

バーバラはふたたびランチを食べはじめた。

「ただ、そういうふうに育ったの」

そう言って肩をすくめる。

「それにしても、その石油王は正しいわ。最初の100万は、たしかに大きな基準になる。

本当に何かを達成したっていう気がするし、実際に達成してるのよ。あっという間にどんどん簡単に感じられるようになる。複利の奇跡が勝手にやってくれるようになるからね」

ゾーイの頭をさまざまな考えが駆けめぐった。

このボスが、編集長の……バーバラが？　ミリオネア？

「でも、バーバラ――」

ゾーイがかすれた声でささやく。

「どうしてこの仕事を続けてるんですか？」

「どうして続けちゃいけないの？　私はこの仕事が好きだし、同僚も気に入ってる。あなたみたいにね、ゾーイ。それで、たまにこういう話をすることもあるってわけ」

バーバラはまたランチをひと口食べた。

「人事のデイヴと話すといいわ。４０１（k）の加入手続きをして、最大額になるようにしてくれるから。会社の負担額とかそういうのも全部説明してくれる。ここでリタイアを迎えるときには、リッチになってるわ」

〝ここでリタイアを迎える……〟

そう聞いて、ゾーイはふと現実に引き戻された。この言葉を聞いたとたん、そもそもなぜバーバラをランチに誘ったのか思い出したのだ。例の話。ここを辞めて、アップタウンにあるジェシカの代理店で働くこと。

ゾーイは息を吸いこんで、バーバラの告白で受けたショックを振り払い、気乗りのしない本題に移ろうとした。

「それで、今日話そうと思ってたのは――」

と話しはじめたとたん、ゾーイの携帯が鳴った。反射的に電話を見たゾーイは、番号を見て驚いた。

「ちょっと、すみません」

そう言って、携帯に耳を当てる。

「もしもし。どうかしたの？」

ゾーイはこわばった顔でうなずきながら、しばらく話を聞いていた。

「もちろん」

ゾーイはつぶやいた。

「今夜、そっちに行くから」

そう言って電話を切ると、ゾーイはバーバラを見た。

「すみません。私、行かないと。母が――」

第12章
母

ペン駅に着くまで、ゾーイはずっと自分を責めつづけた。こうなることはわかってたはずだ。もっと気をつけなきゃいけなかった。

ゾーイは列車に乗り、ニューヨーク州北部へ向かう長い旅路をたどりはじめた。ポキプシー、オールバニ、スケネクタディ……次々と駅を通り過ぎる。お母さん、ずっと言ってたじゃない。「大丈夫よ、ゾーイ、ただ疲れてるだけだから」って。気がつくべきだった。

もちろん、ストレスはあった。お父さんのリストラがあって、小さい家に移るのでくたくたになって。あのインフルエンザ。なかなか治らないのよって、ずっと言ってたやつ。何度もぶり返す腰痛。ユーティカ、オナイダ、シラキュース……さらに駅を通過する。「大丈夫よ」って、お母さんが言ったから。だから、私もそれを鵜呑みにしてしまった。

タクシーが病院に乗り入れてからも、ゾーイは自分を苛《さいな》みつづけた。母は昼食どきにとつぜん倒れて、この病院に運ばれた。大きな買い物袋をふたつ提げて、車へ向かっているときのことだった。この病院で母はひととおりの検査を受けた。

インフルエンザではなかった。ちっとも大丈夫じゃなかったのだ。ただの疲れじゃない。ストレスでもない。ガンだった。母は死んでしまうのだ。

「膵臓《すいぞう》です。申し上げにくいのですが」

と医師は言った。

「なんの兆候もないことの多いタイプで」

なんの兆候もないものなんて、あるわけがない。

「気がつくべきだったんだ」

ゾーイは小さな声で言った。

「もっと気をつけなきゃいけなかった」

ゾーイは深く息を吸い込むと、病院の大きな表玄関へ足を踏み入れた。

母のいる部屋を見つけて、半分開いたドアからそっと中に入った。父と互いに固く抱きしめ合い、いたわりの言葉を交わすと、ゾーイはベッド脇の腰を下ろした。

「お母さん」

ゾーイが小声で話しかけると、呼びかけに応えるように、母の目が開いた。

「ああ、ゾーイ」

母はいったん目を閉じ、また開いた。

「あんなにたくさん運ぼうとするんじゃなかった」

そう言って、母は弱々しく笑った。

ゾーイもにっこりすると、目の奥が痛んだ。

「しーっ。しゃべっちゃだめよ」

母は手探りでゾーイの手に触れ、「ゾーイ」と呼びかけた。真剣な声だ。

「私、いつもあなたにいまあるもので満足しなきゃって言ってきたわね」

「わかってる、お母さん。それに、満足してるよ、私。ほんとに」

母はゾーイを引き寄せた。驚くほど強い力だった。

「だめよ」

ゾーイは母のほうに身を傾けた。

「だめって、何が？　お母さん」

「だめよ、ゾーイ。現状で満足しちゃだめ」

「しーっ。しゃべっちゃだめよ」

　ふたたびゾーイが制する。

「お母さん、無理しないで」

「起こしてちょうだい」

　そう言うと、母はベッドの背にもたれ、なんとか体を起こそうとした。母がふたたびゾーイの手を取る。

「聞いてちょうだい」

　母は続けた。

「いまあるもので満足してしまわないで。私ね、お父さんのことも、あなたのことも大好きよ。だから、不幸じゃないわ」

　そこまで言うと、口をつぐんだ。次の言葉を探しているのか、それとも、ただ言い終えるだけの力を回復しようとしてるのか、ゾーイにはわからなかった。

「でもね、やるつもりだったことは、もっとたくさんあったの」

「お母さん……」

と口を開きかけたゾーイを母がさえぎった。

「待って。聞いてちょうだい。私ね、悔いを残して死にたくないのよ、ゾーイ。約束してちょうだい。人生を半分だけ生きたりしない、全部生きるって」

「お母さん」

母はゾーイの手を痛いほど強く握りしめた。

「約束よ」

ゾーイの目が涙でにじんだ。

「約束する」


誰もが（特に医師たちが）とても驚いたことに、翌朝、母は前日よりだいぶ持ち直していた。

「安定している」と父から聞いたのは、ゾーイが実家の二階から手狭なキッチンに下りていったときだ。

「危機を脱したわけじゃないってすぐに言われたよ。本当に回復することは期待できないって。でもいまのところは、とにかく、思ったよりよくやってるってことだ」

ゾーイと父は、かわるがわるキッチンで料理を焦がし、交代で病院へ行って母の看病をして、夜が更けるまでふたりで話し合った。母はたいてい眠っていた。

そうして、長時間ベッドの脇で母に付き添っているあいだ、ゾーイはいろいろ考えることができた。金曜の朝ヘンリーと交わした会話が何度も蘇ってくる。ヘンリーにいちばん大切なものは何かと聞かれたとき、ゾーイが考えたのは、自由、冒険、美だった。

いま、ゾーイはこのリストに入れ忘れたものがあるのに気がついた。とても大きなものだ。

どうしてもっと両親と一緒にすごさなかったんだろう？ この9年、10年のあいだ、たしかに忙しかった。1日に8時間も、9時間も、ときにはもっと働いて。夜に家で片づけた仕事も多い。だけど、なんのために？ あの時間はどこへいくんだろう？ もし、それが大事なものを築くのでないとしら、大切なものを育てるのでないとしたら、いったい、なんの意味があるというのだ？

「このリストは、たぶん完成していない」

あのとき、ヘンリーはそう言った。

「たぶん、見直しをして、何かつけ足したくなるときがやってくる」

ヘンリーの言うとおりだった。

自由、冒険、美、家族。

日曜日、父がニューヨーク・シティに戻るバスの切符を買ってくれた。何かあったらすぐに電話するから、と誓うように言いながら。

「こっちはいまのところ大丈夫だ。おまえは帰ったほうがいい。忙しくしないとな」

「忙しくするって、お父さん？」

ゾーイは言った。

「いったいなんのために？」

父はしばらくゾーイを抱きしめてから、頭のてっぺんに心のこもったキスをした。

「母さんとの約束を果たすためさ」

第13章
フリーダム・タワー

月曜日の朝、地下鉄のドアが開くと、ゾーイはあふれ出る通勤客の一滴となってフルトン・センターへ流れ込んだ。グレーのタイル張りの通路を進み、オキュラスの広大な空間に吐き出される。

写真の世界では――180メートルにおよぶ純白のイタリア産大理石の空間を横切りながらゾーイは考えた。

――オキュラスはカメラを据える位置のことだ。最初に絵を見るのは、心の眼だからね

やたらと大きな生花が飾られた案内所のスタンドを通り過ぎる。今日の花は、白バラとニワシロユリだ。

どこに立つか、そして、そこから何が見えるか。それが、自分の思い描く絵を組み立てる鍵になる。自分が求める全体像をつくり出すからね。ぼくの言ってること、わかるかな？

「たぶん、わかります」

ゾーイは、歩きながらつぶやいた。

そして、また母の言葉を思い返す。これで100回目だ。

「でもね、やるつもりだったことは、もっとたくさんあったの」

西コンコースの通路に入り、ゾーイは巨大なLEDの掲示板の前を通り過ぎた。今日は、広大なパノラマが映っている。アメリカ西南部にある絶景の山脈。パープルとオレンジに輝く壮大な日の出の瞬間だ。

ゾーイはふと足を止め、広告のメッセージを確かめようとした。フットボールの競技場ほどの長さがあるスクリーンをメッセージが横切る。

どうすれば夢がかなうかわかりますか？
買うのです……1ドルずつ、こつこつと。

ゾーイはエスカレーターに乗った。二階上に行くと、日当たりのよいガラス張りの吹き抜けだ。ゾーイは外に出てウエスト・ストリートのほうに引き返し、まばゆい光の中を、オフィスのあるビルに向かって立った。かくんと首を反らし、まっすぐ上を向いて目を凝らす。

今日は、空に向かってそびえるタワーのてっぺんがちょうど見えた。

その朝、ゾーイは人事のデイヴに会った。デイヴはその場ですぐに、ゾーイをあちこち連れまわして401（k）加入の手続きをしてくれた。手続きは思ったより簡単で、ゾーイの新しいプランを実行に移す方法についても、いくつか提案をしてくれた。

その夜、家に帰ると、ゾーイはオンラインで銀行の預金口座をふたつ開設し、〝フォトコース口座〟と〝アドベンチャー口座〟という名前をつけた。（デイヴの提案どおり）ほんの数分でオンラインの設定も終えた。これで、自動的に当座預金口座に振り込まれたゾーイの給料は、そこからまた自動的に、ふたつの新しい口座に振り込まれる。

たいした額じゃないけど、これでいい。そのうち増やしていくから。

昨日の夜、父と別れて列車に乗ってから、ゾーイはヘンリーと交わした会話から、自分がいかにたくさんのことを学んでいたか気がついた。新しいファイナンシャルプランだけじゃない、もっとずっと大切なことを教わったのだ。ゾーイは初めて人生の目的がはっきりしたような気がする。自分にとって本当に大切なことは何か。いまならわかる。ヘンリーの若いころみたいに、自分も毎日何時間もあくせく働いている。自分が心から望む人生に近づくためじゃない、どうでもいいものの代金を払うために。

いったんそのことに気がつくと、心から望む人生を送るためには、考えていたほどお金はいらないのかな、と思えてきた。ひょっとしたら、必要なのは収入を増やすことじゃないのかもしれない。ただ、いまある収入をどう使っているか、はっきりさせるだけでいいのかも。

家に向かう列車の中で、ゾーイはジェシカにメールを送った。

ジェシカ、すごいチャンスをありがとう！　でも、今回はパスするよ。

ハッピー＠フリーダム・タワー

実のところ、ゾーイはフリーダム・タワーにあるこの職場を心から気に入っていて、仕事も同僚も大好きなのだ。ただ、ほんの少し変化が必要なだけだ。

デイヴに会ったあと、ゾーイはバーバラのところへ行って、旅に出るための休暇を願い出た。ちょうどヘンリーがしたように。ゾーイのラディカル・サバティカルを実行するためだ。1年のうち、ひとつの号をまるまる休むことになるけれど、ラップトップを持っていけば、離れていても仕事はできるだろう。バーバラは、この計画が可能だと思うだろうか？　実現できるよう後押ししてくれるだろうか？

ゾーイがひととおり説明を終えたあと、バーバラはしばらく無言でいた。が、やがて肩をすくめ、トレードマークの能面の顔で言った。

「わかったわ。ひとつだけ条件があるけど」

「どんな条件ですか？」

ゾーイは即座に問い返した。

「絵はがきを送ること」

その夜、ゾーイは夢を見た。

メイン州の海岸を小船でゆったりと漂いながら、バケツに入った野生のブルーベリーを食べている。

「見て。ハリイータス・ルーコセラファスよ」

と母が空を指さして言うと、それに応えて父が言う。

「ハクトウワシだ」

ゾーイは空を見上げ、片手を目の上にかざす。すると、大きな鳥が、巨大な塔のてっぺんあたりで弧を描くのが見えた。鳥は雲の高さまで舞い上がったかと思うと、やがて空へと昇っていった。

ゾーイは目を覚まし、あおむけのままじっとしていた。薄暗がりで宙を見据えて不思議に思う。この部屋、今日はどうしてこんなに静かなんだろう。ゾーイがその理由に気づくまでに、たっぷり1分はかかった。

実のところ、この部屋自体がいつもより静かなわけではない。とつぜん消えてなくなったのは、ゾーイの心の雑音だった。あの絶え間なく続く、言葉にできない不安な気持ち。冷蔵庫の立てるぶーんという音のように、すっかり慣れてしまって存在を忘れていた。かちっ！　と鳴って音がやみ、ふいに静けさが訪れて初めて、音がしていたことを思い出したのだ。

ゾーイは、薄暗がりの中で微笑んだ。

ある意味では、何も変わっていない。自動預金口座を開設してから12時間で、すでに財産が増えたわけではない。でも、ゾーイには違って感じられた。毎月、毎年、放っておいても順調に増えていくとわかっているだけで、常につきまとっていた不安が泡のようにはじけて消えた。

ゾーイは、静かに笑うと、また眠りについた。そして、朝までぐっすり眠った。目が覚めたとき、ゾーイは、こんなに爽快な気分で目覚めたのはいつ以来だろう、と思った。死んだように眠った、というやつだ。

いや、違う。思いっきり自由に眠ったのだ。

第14章
ミコノス島

3年後……

遠くに見える小高い丘の上に太陽が小さく顔を出すと、やがて琥珀色の光線が伸び、宝石みたいにきらきら輝く。ゾーイはカメラを手に取り、立てつづけに三回シャッターを切った。そして、またカメラを下ろすと、ただ景色を眺めた。蛇行する石畳の通りに沿って白漆喰の家が建ち並び、ロイヤルブルーの窓や鎧戸はブルーベリーの斑点みたいだ。アカハシカモメの群れがゾーイの視界を横切る。目の前の波止場では釣り船が揺れ、太い縄がぎいぎいと軋《きし》む音が聞こえる。

本当に、30歳になったんだろうか？　とても、信じられない。瞬く間に3年が過ぎ、まるで、しゃっくりしているあいだに時間旅行をしたみたいだ。でもこの3年のあいだに、本当にいろいろなことがあった。ゾーイはヘレナズ・コーヒーの常連になり、ジョージアと仲良くなった。それから、生活もすっかり変わってしまった。

ゾーイの母は、あれからさらに6カ月持ちこたえて医師たちを驚かせた。ゾーイは北部とシティのあいだを数十回行き来して、母の入居している施設に通った。その6カ月のあいだに、それまでよりもずっと長い時間を母と一緒にすごした。ヘンリーから「ボーナス・タイムだね」と言われたけれど、まさにそのとおりだった。

でも、この穏やかな猶予期間も永遠には続かなかった。母が亡くなると、父は北部の実家を売り払った。その収入と生命保険金を頭金にして、ゾーイとふたりで、ブルックリンの住み心地のいい地域にある小さな二世帯住宅《デュープレックス》を買った。ヘンリーの言う、所有権を手に入れたのだ。狭いながらも、それぞれベッドルームがある。ゾーイの場合は、それが仕事場も兼ねていて、そこで原稿を書いたりヨガをしたりする。夜には、フォトコースのための勉強もする。ヘンリーが予言したとおり、授業料が貯まるまでには6カ月しかかからなかった。

何枚もあるクレジットカードの返済を終えるのには、もう少し長くかかった。ゾーイは、月々の返済を、自分の選んだ日に当座預金口座から自動引き落としにする方法を学んだ。それができるようになると、すぐに、クレジットカードの最低返済額を自動引き落としにした。

そのおかげで、肩の荷がもうひとつ降りただけでなく、延滞金を払わなければどれだけ節約できるかわかって驚いた（し、大喜びもした）。

これ自体、たいしたラテ・ファクターだ。

ヘンリーのアドバイスに従って、それぞれのカードに第二の自動引き落としも追加した。最低返済額を払ってから2週間後。このふたつの力を合わせると、一対の研ぎ澄まされた斧《おの》で1本の木に立ち向かうようだった。22カ月で木が倒れ、ゾーイのカードの返済残高はゼロになった。もうカードの負債はない。ここにもラテ・ファクターだ。

学生ローン……まあ、これはもっと長期のプロジェクトだ。数年はかかるだろう。でも、それでいい。いつかは終わる。

光はすでに変化しかかっていた。琥珀色の光が薄れつつある。船から聞こえる音が大きくなってきた。ゾーイはカメラを構え、また何度かシャッターを切った。

ラテ・ファクターが潜んでいたのは、カードやローンだけではない。ヘンリーがスターバックスのナプキンに走り書きした、基本の数字はかなり正確だった。そして、なんと、驚くべき奇跡が起きた。ジョージアが辛抱強く助けてくれたおかげもあって、ゾーイは独学で料理ができるようになったのだ。

「写真を撮るのとまったく同じよ」

と、ジョージアはゾーイに言い聞かせた。

「違うのは、準備を終えてシャッターを切ったら、食べられるってところ」

それを聞いて、ゾーイは吹き出してしまい、思わず鼻からラテが出そうになった。だけど、お弁当をつくることで節約できた額のほうは、笑いごとではなかった。バロンがタバコをやめたときの想定外の配当金と同じ。バロンのシガレット・ファクター、とゾーイは笑みを浮かべて考えた。

ゾーイは、全然見ない（ラテ・ファクター）ケーブルのプレミアム・チャンネルも、ほとんど行かない（ラテ・ファクター）ジムの会員資格も解約した。全然着ない服はあげてしまって、もっと買えば（ラテ・ファクター）とささやきかけるカタログもぽいと捨てた。

そうこうするうちに、ゾーイの退職金口座は膨らみはじめ、アドベンチャー口座もあとに続いた。

村が目を覚ましはじめ、太陽が刻々と角度を変え昇ってゆく。船出の準備をする漁師たちがぼそぼそと交わす会話が途切れ途切れに聞こえてくる。ゴールデン・アワーはまもなく終わる。

ゾーイは、また1枚撮った。さらに1枚。そして、また1枚。そこで手を止め、手にしたカメラをじっくり見てみる。ほんとに、きれいなカメラ——これは、ジョージアとバロンからの早めのバースデー・プレゼントだ。アメリカを発つ数日前に、誕生日当日は一緒にいられないから、と言って渡してくれた。

そして、なんと、今日がその日だ。

ここは、ギリシャの島々をめぐる6週間の旅の最終地点。旅のあいだ、ゾーイはずっとノートを取っていて、ちょうど昨日、その原稿をメールで送ったところだ。夜、バーバラから返信があってニュースを報せてくれた。次の号に、ゾーイの原稿が掲載されることになったのだ——自分で撮った写真も一緒に——特集記事として！　帰国したら昇進が待っている。ゾーイは、現職の編集補佐に加え、客員コラムニストにも抜擢《ばってき》されたのだ。バーバラからのメールは、手短な結びで締めくくられていた。

ハッピー・バースデー、ゾーイ。

――ボスより

P．S．すてきな絵はがきね

年に一度のゾーイの定例旅行もこれで三度目だ――三回目のラディカル・サバティカル。去年は、生まれて初めてミシシッピ川より西を旅した。5週間かけて、アリゾナ州のセドナからニューメキシコ州のラスクルーセスまでまわった。そのとき撮った写真が数枚、いまへレナズの壁に飾られている。

二回目のサバティカルは、驚くほどすばらしかったけれど、あのセドナのレッドロックでさえ、一回目のサバティカルの魔力にはかなわない。あの年の秋、母に最期の別れを告げてからまもなく、ゾーイはメイン州の海岸で4週間、父と一緒にすごした。ふたりでブルーベリーを探し歩き、ハクトウワシが水路で巣づくりをしているのを写真に収め、ロブスターボートで海に漕ぎ出した。父娘《おやこ》が互いに思い出を語り、母とすごした時間を思い起こす。こうして、心のレンズで捉えたふたりだけの写真を、時のフレームに入れて1枚1枚分かち合った。

この旅には、たいして費用はかからなかったけど（あれは助かった。結局のところ、あのときはまだ、ギリシャの島々をめぐる旅のために貯金をしていたから）、ゾーイにとってそれまででいちばんリッチな経験になった。

ギリシャに発つ前、ゾーイは父に尋ねた。もし、世界中どこへでも行けるとしたら、お父さんはどこに行きたい？

「アラスカだな」

父は迷わず答えた。

「これは、デートだからね」

ゾーイは言った。

「来年だよ、お父さん。荷づくり、始めてね」

温かいギリシャ・コーヒーをひと口飲んで、ゾーイは小さな村がエーゲ海の陽に照らされ、徐々に活気づいてゆくのを見守った。ふたたびカメラを持ち上げ、目の高さ――ゾーイのオキュラス――で構えて、また1枚撮る。

「イエス」

ゾーイがささやく。

ゾーイ・ダニエルズは、今日30歳になった。本人に言わせるなら、世界でいちばんリッチな女性だ。

デヴィッド・バックとの会話

Q：作中、ゾーイが死の床にある母と「悔いのない人生を生きる」ことについて話していますが、これはご自身の祖母、ローズ・バックさんと最後に交わした会話に基づいているそうですね。よろしければ、おばあさまのことや、おばあさまとの会話がデヴィッドさんの人生や仕事にどのような影響を与えているかについて、お話しいただけますか？

祖母のローズは、なんというか……並外れた女性でした。30歳になったとき、祖母は家族の運命を変えてしまう決心をしました。それは、「貧乏な生活に別れを告げる」という決心です。

そのころ、祖母はウィスコンシン州ミルウォーキーにあるギンベルズというデパートでウィッグの販売員をしていました。祖母も祖父のジャックも大学を出ていません。ふたりとも典型的なアメリカ中西部出身の働き者で、その日暮らしの毎日を送っていました。生活は楽ではありません。でも祖母には、もっといい暮らしをしたいという夢がありました。それで、30歳の誕生日に一念発起。祖父にこう言ったのです。

「いまこそ生活を建て直すときよ。貯金を始めましょう」

祖母は、祖父と力を合わせて週に1ドルずつ貯金をするようになりました。文字どおり、たった1ドル。それなのに、祖母は職場に手作りの弁当を持参したのです。同僚からは、よくこんなふうに言われたそうです。

「まあ、ローズったら、本当にけちね！　一緒にランチを食べに行きましょうよ！」

最初はつらい思いもしたようですが、祖母はなんのためにお金を貯めるのかわかっていました。冬になると耐えがたいほど冷えこむミルウォーキーから出たかったのです。いつか定年を迎えたら暖かいところへ引っ越したい――そう思っていました。

生涯にわたって貯蓄と投資を続け、祖母は独力でミリオネアになりました。そして、その知識と投資に対する情熱は、孫の私にも受け継がれます。祖母は、私が7歳のときに初めて株を買うのを手助けしてくれました（当時の私にとって世界一お気に入りのレストラン、マクドナルドの株でした）。祖母は、私にとって最初のお金の師でした。そして、根本的なところで、祖母の教えてくれたことが、私の人生、キャリア、目的のすべてを方向づけることになったのです。

私の最初の本は、もう20年以上前に書いた『Smart Woman Finish Rich』（邦題『世界一売れているお金の先生が書いた　人生を変える、お金の授業』／ＰＨＰ研究所）です。この本は、祖母と、祖母から学んだ教訓に捧げるものです。書きはじめたのは１９９７年のことで、祖母は私がこの本を書いていることを知っていました。残念なことに、その年86歳を迎えた、強靭《きょうじん》で健康な祖母が――1日8キロ歩いて毎日青汁を飲み、祖父より10年長生きして、３人の男性と週3回デートしていた（この話は葬儀のときに初めて知りました）――脳卒中で倒れました。

脳卒中のことがあって、祖母にはカリフォルニア州のラグナ・ビーチからベイエリアの介護施設へ移ってもらいました。この施設は、うちのオフィスと住居から2キロも離れていなかったので、毎日祖母の様子を見に行くことができました。何度も祖母のところへ通ったあの最後の日々が、昨日のことのように思い出されます。

何か最後に伝えておきたい教訓はないか、と私は祖母に尋ねました。すると彼女は、少し考えてからこう言いました。

「ないね。人生の教訓はすべて伝えたよ。おまえの人生は、きっとすばらしいものになる」

それから、私は何か思い残すことがあるかと聞きました。祖母は思いをめぐらせてから「ないね。まったくない」と答えました。それから、生涯で心から感謝していることをひとつひとつ教えてくれました。

翌朝、私はまた祖母を訪ねて、よく眠れたかと聞きました。

すると、祖母は「全然。一晩中、思い残すことを考えて眠れなかったよ。おかげさまでね！」と言うのです。

私たちは顔を見合わせて笑いました。それから祖母は私の手を握り、5つの後悔についてひとつひとつ話してくれました。ずっと昔、祖母が十代だったころまで遡《さかのぼ》って。そして、こう言いました。

「デヴィッド、これから言うことを注意して聞いてちょうだい。大事なのは、私の後悔の話そのものじゃない。どうして私が後悔してるかってことなんだよ。いま話したのは、どれも人生の分岐点に立った瞬間だった。私は心を決めなきゃいけなかった。どこにたどり着くかわかっている安全な道を行くか、それとも、もっとリスクの伴う道——黄金が待っているはずだけど何があるかわからない道——を行くか。

ほしいものを手に入れるためには、リスクを冒すべきか？　どの瞬間も……私は安全な道を選んだ。そして、こうして死の床に横たわっているいま、別の道を行けばどうなっていたかは永遠にわからない」

「でも、おばあちゃん……おばあちゃんは誰よりもすばらしい人生を生きてきたじゃないか！」

祖母は（ずいぶん弱っていたのに）握った手にさらに力を込めて言いました。

「デヴィッド、人生は、あとになって後悔しちゃだめよ。リスクを冒しなさい」

「そして、覚えておいて」

と祖母は言い添えました。

「人生の分岐点に立ったら、ふたつの声が聞こえてくる。しっかりした子《ビッグボーイ》の『安全にね。安全な道を行こう！』という声と、やんちゃな子《リトルボーイ》の『デヴィッド、こっちの道を行こう！きっとおもしろいよ！　行ってみよう！』という声。リトルボーイは遊びたくてたまらないのよ。だから……思いっきり遊ばせてやるといい。あなたのお友達にも、そう言ってあげて」

これが、祖母と私の最後のやりとりです。

私は車でオフィスに戻り、地下駐車場に車を止めて、しばらく身を震わせて泣きました。

やっとのことで顔を上げ、バックミラーを見て涙を拭った私はこう言いました。

「よし、残りの人生、大企業でファイナンシャル・アドバイザーを続けるのはやめだ。『Smart Woman Finish Rich』を書き上げて、もっと多くの人を、もっと大きな意味で助けることに命を捧げる。やり方はまだわからないけど、約束するよ、おばあちゃん。3年以内にここを出て、自分の夢に向かって進む。リトルボーイと遊んでやるよ」

実際には3年ではなく4年かかりました。でも、実現したのです。あのときから、ちょうど4年後、勤めていた大手の金融サービス会社を辞め、一族や友人がみんな住んでいるカリフォルニアからニューヨーク・シティに引っ越しました。もっとたくさん本を書き、祖母ローズの教訓「リッチに生きてリッチにリタイアを迎える方法」を何百万の人たちに伝える——それが私の願いでした。

楽な道のりではありませんでした。正直言って、ずいぶん苦労しましたし、途中いろいろな失敗もありました。でも、後悔はありません。結果的に、当初想像もしなかったことが、次々と実現したのです。『Smart Woman Finish Rich』は空前のベストセラーになり、現在100万部以上売れています。その5年後には、アメリカのテレビ界で最も評価されているトーク番組『オプラ・ウィンフリー・ショー』に出演し、何千万もの人々にメッセージを伝えることができました。

悔いを残したくないと強く願う気持ちは、この本にも受け継がれています。

『オプラ・ウィンフリー・ショー』の生放送のステージでラテ・ファクターの授業をしてからずっと、こういう本を書いて、ラテ・ファクターについて説明したいと思っていました。数時間で読めるシンプルな物語形式で、ふだんはお金に関する本を読まない人でも気軽に手に取れるような本です。でも、あいにく出版社が乗り気ではありませんでした。その後7冊の本を書き上げましたが、そのあいだ、出版社にはラテ・ファクターの案を没にされつづけました。しかたがないので、とにかく本を書いてみて新しい出版社を探すことにしました。こうしてできあがったのが、いまあなたが手にしているこの本です。

ゾーイは、母親からこう言われます。

「約束してちょうだい。人生を半分だけ生きたりしない、全部生きるって」

この言葉がきっかけで、ゾーイはびくびくするのも、縮こまって生きるのもやめて、リッチな人生につながる生き方を目指すようになります。それは、お金とはほとんど関係がなくて、悔いのない人生を送ることと深く関わっています。

ラテ・ファクターはコーヒーの話ではありませんし、お金の話ですらありません。いつも、夢みる人が自分の夢に向かって生きられるよう、やる気と元気を与えるメタファーなのです。

悔いを残してはいけません。自分の中にいる「リトルガール」や「リトルボーイ」を思いっきり遊ばせてあげましょう。その気になれば、いますぐ始めることができるのです。

Q：今後のご予定は？　次回作は進行中ですか？

1冊本を書き上げたあとは、いつも自分自身と妻にこう約束するんです。これでおしまい、もう二度と本は書かない、と（妻は、この件に関しては私を無視することを覚えましたが）。でも、その本が完成して手元を離れたとたん、往々にしてまたアイデアが浮かんできます。

そういうわけで、手短な答えとしては「イエス」です。実際、次の本を書く計画はすでにあります。とてもおもしろい本になると思います。そして次回も、これまでとは全然違った本になります。

『ラテ・ファクター』の刊行から90日以内に、大西洋を越えて、家族と一緒に1年間イタリアのフィレンツェで暮らす予定です。自分なりに本気で悔いのない人生を送るためでもありますし、子どもたちにも、大学に行って自分自身の人生を築き始める前に、イタリアで暮らす経験と、広く外国を旅する経験をしてほしいと思っています。

ですから、すべてが計画どおりに運べば、みなさんがこの本を読んでいるころには、私はフィレンツェで暮らしていて、パスタを食べ、ワインを飲み、息子や妻とともに毎日ジェラートに舌鼓を打ちながら執筆を進めているはずです。次回作は、私のラディカル・サバティカルの回想録です。ちょうどゾーイみたいにね。

Q：巻末に実用的な表とワークシートが収録されていますが、使い方について、もっと説明しておきたいことはありますか？

最初のいくつかの表は、複利の奇跡に焦点を当てた、私のお気に入りの表です。最初が「お金の時間的価値」の表。これを見て、私は20代の初めに貯金を始める気になりました。次に、2％から12％まで異なる利率の表を載せました（223ページ参照）。これを見れば、利率の違いが、お金の増える速さにどれだけ違いをもたらす可能性があるかがわかります。そして最後は、20代前半のときに初めて見て目からうろこが落ちた表です。これを見れば、投資の年換算利回りが1926年まで遡ってわかります（224～225ページの見開き参照）。株式市場に投資しても意味がないと言う批評家を信じてはなりません！

表の次に、シンプルなワークシートがいくつかありますが、これはみなさんが行動を起こす手助けをするものです。最初は「ラテ・ファクター・チャレンジ」と名付けたシートです。1日、この本を持ち歩いて、自分のラテ・ファクターを記録してみてください。1日だけでかまいません。お金の使い方を変えたりせずに。ふだんの自分のまま。いつもどおりお金を使って。そのあと、1日を振り返り、自分がラテ・ファクターだと思う出費を合計してください。数字を当てはめて、小さなことをいくつか変えるだけで毎日いくら節約できるか計算してみましょう。

2日目は、「ダブル・ラテ・ファクター・チャレンジ」をやってみましょう。この本の中では触れませんでしたが、けっして難しいものではありません。毎月支払っているものを書き留めて、それを合計する。解約したり減額したりできるものを決めて、さらに手っ取り早く出費を削減するというものです。

Q：あなたの作品の中で最初に読んだのが『ラテ・ファクター』だという読者には、次にどの作品を勧めますか？

何も言わずに、『Automatic Millionaire』（邦題『自動的に大金持ちになる方法――オートマチック・ミリオネア』／白夜書房）を読んでください。どんな人にも、まずこの本から読むよう勧めていますし、私の著作の中でいまのところ最も広く読まれている作品です。気軽に読める内容で、予算を立てずにミリオネアになるためには何をしたらいいかを伝えています。

次は、女性には『Smart Woman Finish Rich』（前出）、カップルには『Smart Couples Finish Rich』（邦題『かしこいカップルが最後に笑う――2人で4倍豊かになる9ステップ』／翔泳社）をお勧めします。この2冊は、自分の価値観や夢、人生の目標を見極め、それを実現するためにファイナンシャル・プランを構築するのを手助けする本です。3冊とも、最近アメリカ版の情報を入念に更新しましたので、忘れずに改訂版を注文するようにしてください。

Q：20年前にこの本を読んでいたらなあ……とつくづく思います。40代、50代、あるいはそれ以上の年齢の人は、ラテ・ファクターの原理を役立てるには遅すぎますか？

ひと言で答えるなら、リッチに生きて、リッチにリタイアを迎えるのに遅すぎることはありません――もし、今日始めたとしたら。

まさに、そのような立場にある人のために、『Start Late Finish Rich（遅く始めて、リッチに終える）』という本を書きました。貯金がほとんどない、借金をしすぎた、あるいは思いがけない逆境のためにレールを外れてしまった……そういう人たちのための本です。遅く始めたからといって、不確かな未来が待ち受けているわけではありません。自分の夢に向かって生きるのに遅すぎることはないのです。必要なのは、始める決意だけです。

貯金と投資のすばらしいところは、お金に年齢は関係ないということです。あるのは数学だけ。たとえば、あなたが50歳の既婚者だとしましょう。1日10ドル貯金することができますか？　配偶者やパートナーは？　すばらしい。これで1日20ドルです。1年365日で7300ドル。それを投資して10％の利率で稼げば、20年後には46万1696ドル、つまりほぼ50万ドルになります。

額を2倍にしてそれぞれ1日20ドルずつ貯金すると、年に1万4600ドル。10％の利率で投資すれば、ほぼ100万ドルになります。

巻き返し計画において重要なのは、取り組むこと。あれこれ心配することではありません。現在、あなたははいるべくしてここにいるのです。いまこそ始めましょう！

Q：最後に、何か読者に伝えたいことはありますか？　また、デヴィッドさんに連絡をとりたいという読者はどうしたらいいでしょうか？

何よりもまず、この本を読んでくださってありがとう！

ひとつ伝えるとしたら、ゾーイの成長の旅路には「ひとりでやらなくてもいい」というメッセージが込められていることです。ゾーイはメンターを見つけ、新たな友達をつくり、その人たちがゾーイの夢や新しい生活を応援し、後押ししてくれます。読者のみなさんにも、自分自身の「いまをリッチに生きる」チームをつくることをお勧めします。自分と同じような、ラテ・ファクターの旅路をともに歩みたいという気持ちの人を見つけるのです。

そのきっかけとして、グループをつくって読書会を開くのはいかがでしょうか。みんなで『ラテ・ファクター』を読んで、考えたことを話し合うのです。ともに「ラテ・ファクター・チャレンジ」に取り組んで、夢を実現できるよう助け合うこともできます。大切な人とともに、あるいは、自分と同じようにもっとリッチな人生を送りたいと考えている友達を見つけて一緒に取り組めば、人生が変わるかもしれません。

この本を読んで、心に触れるものがあったら、お気軽にsuccess@finishrich.comまでメールをください。ひとりひとりに返信はできないかもしれませんが、必ずすべてのメッセージに目を通します。私は、読者のみなさんが大好きです。読者から聞かされる話に、毎日のように心を動かされます。私が25年近くこの活動を続けてこられたのは、みなさんひとりひとりのラテ・ファクターを活用した成功があったからこそです。

それから、ぜひ、www.davidbach.comものぞいてみてください。ウェブサイトにはラテ・ファクターのポッドキャストがあって、このインタビューの続きもあります。すばらしいアイデアをもっと（英語で）聴くことができます。私の日々のひらめきを綴ったニュースレターもあります。こうしたさまざまな方法を通じて、私は読者のみなさんと連絡を取りつづけています。費用はかかりませんし、スパムメールを送ったり、何か買えとうるさく言ったりすることもありません（もちろん、次の本が出るまでは（笑））。

どうか、この本が、みなさんの人生に役立ちますように。

悔いを残してはいけません！

付録目次

表組

ワークシート

資料：表

お金の時間的価値

後回しにするより、いま投資しよう

スーザン
19歳で投資する（年利率10%）

キム
27歳で投資する（年利率10%）

比較してみよう

年齢	投資額	総価値	年齢	投資額	総価値
19	2,000ドル	2,200	19	0	0
20	2,000	4,620	20	0	0
21	2,000	7,282	21	0	0
22	2,000	10,210	22	0	0
23	2,000	13,431	23	0	0
24	2,000	16,974	24	0	0
25	2,000	20,871	25	0	0
26	2,000	25,158	26	0	0
27	0	27,674	27	2,000ドル	2,200
28	0	30,442	28	2,000	4,620
29	0	33,486	29	2,000	7,282
30	0	36,834	30	2,000	10,210
31	0	40,518	31	2,000	13,431
32	0	44,570	32	2,000	16,974
33	0	48,027	33	2,000	20,871
34	0	53,929	34	2,000	25,158
35	0	59,322	35	2,000	29,874
36	0	65,256	36	2,000	35,072
37	0	71,780	37	2,000	40,768
38	0	78,958	38	2,000	47,045
39	0	86,854	39	2,000	53,949
40	0	95,540	40	2,000	61,544
41	0	105,094	41	2,000	69,899
42	0	115,603	42	2,000	79,089
43	0	127,163	43	2,000	89,198
44	0	130,880	44	2,000	100,318
45	0	153,868	45	2,000	112,550
46	0	169,255	46	2,000	126,005
47	0	188,180	47	2,000	140,805
48	0	204,798	48	2,000	157,086
49	0	226,278	49	2,000	174,094
50	0	247,806	50	2,000	194,694
51	0	272,586	51	2,000	216,363
52	0	299,845	52	2,000	240,199
53	0	329,830	53	2,000	266,419
54	0	362,813	54	2,000	295,261
55	0	399,094	55	2,000	326,988
56	0	439,003	56	2,000	361,886
57	0	482,904	57	2,000	400,275
58	0	531,194	58	2,000	442,503
59	0	584,314	59	2,000	488,953
60	0	642,745	60	2,000	540,048
61	0	707,020	61	2,000	596,253
62	0	777,722	62	2,000	658,078
63	0	855,494	63	2,000	726,086
64	0	941,043	64	2,000	800,895
65	0	1,035,148	65	2,000	883,185

投資額を除く利益
1,019,148ドル

投資額を除く利益
805,185ドル

スーザンの得た利益	1,019,148ドル
キムの得た利益	805,185ドル
スーザンとキムの差額	213,963ドル

スーザンの投資額はキムの５分の１だが、利益は25%多くなる

早く投資を始めよう！

早く始めよう

この表を見ると、早く始めればどれだけ有利かがわかる。若いうちに始めれば、リッチに終えられる。月に300ドル、年利10%で65歳まで投資すると仮定した場合。

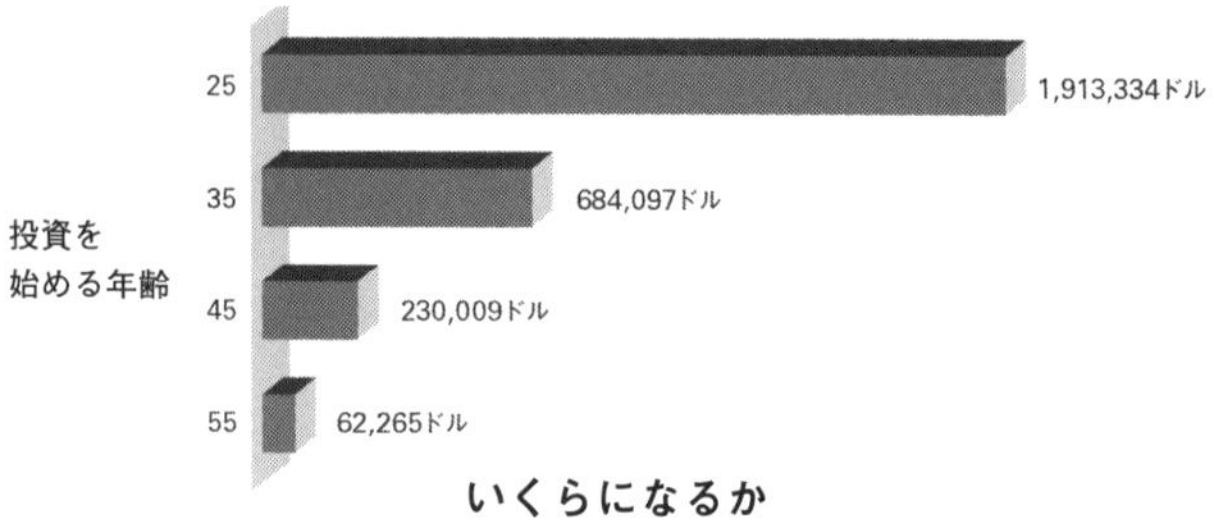

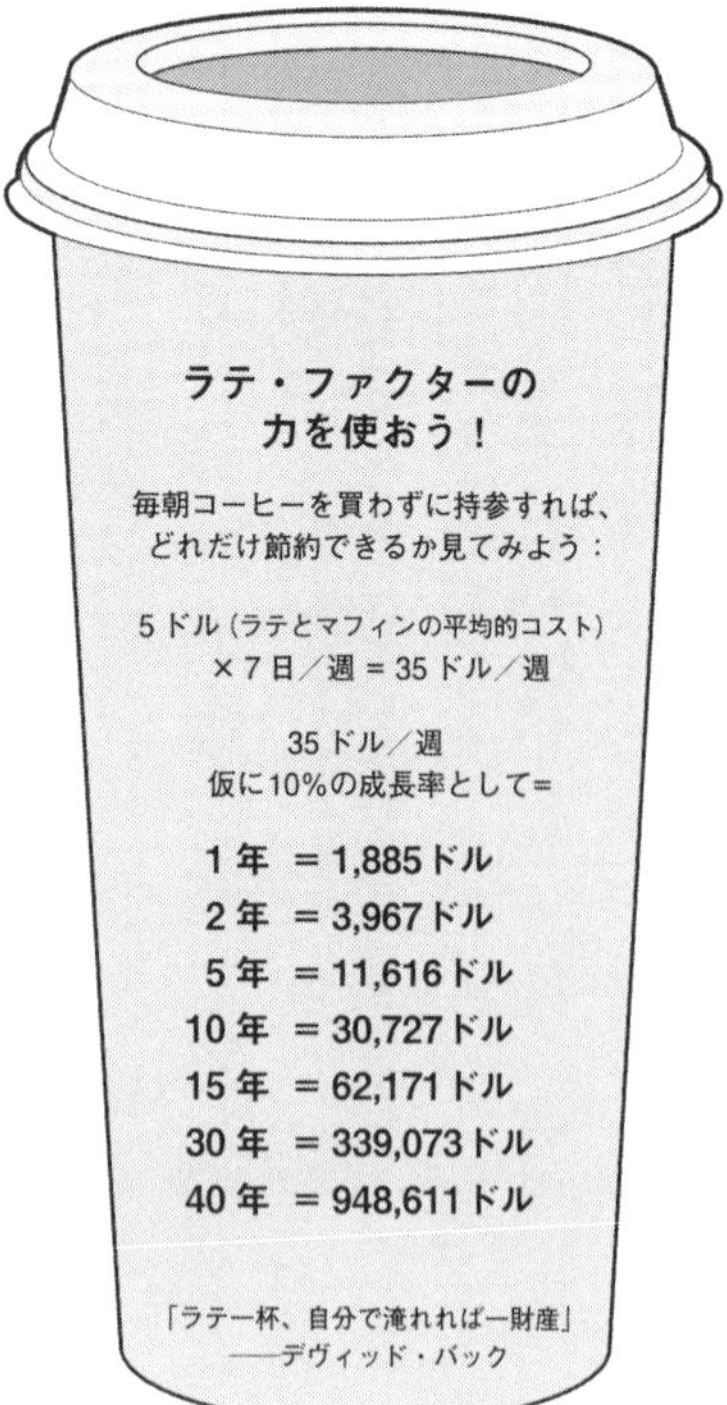

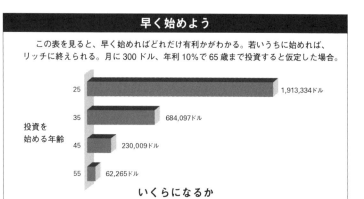

始める年齢

1,913,334ドル

684,097ドル

230,009ドル

力を使おう！
毎朝コーヒーを買わずに持参すれば、

5ドル（ラテとマフィンの平均的コスト）
×7日／週＝35ドル／週
35ドル／週
仮に10%の成長率として＝

「ラテ一杯、自分で淹れれば一財産」

資料：表

早く始めるほど、貯金は大きくなる

（利回り10%と仮定した場合）

1日の投資額	1カ月の投資額	10年	20年	30年	40年	50年
5ドル	150ドル	30,727ドル	113,905ドル	339,073ドル	948,612ドル	2,598,659ドル
10ドル	300ドル	61,453ドル	227,811ドル	678,146ドル	1,897,224ドル	5,197,317ドル
15ドル	450ドル	92,180ドル	341,716ドル	1,017,220ドル	2,845,836ドル	7,795,976ドル
20ドル	600ドル	122,907ドル	455,621ドル	1,356,293ドル	3,794,448ドル	10,394,634ドル
20ドル	900ドル	184,360ドル	683,432ドル	2,034,439ドル	5,691,672ドル	15,591,952ドル
40ドル	1,200ドル	245,814ドル	911,243ドル	2,712,586ドル	7,588,895ドル	20,789,269ドル
50ドル	1,500ドル	307,267ドル	1,139,053ドル	3,390,732ドル	9,486,119ドル	25,986,586ドル

タバコ1日1箱でリタイアを遠ざける

（利回り10%と仮定した場合）

1日1箱分のコスト	1カ月でいくらになるか	10年	20年	30年	40年	50年
7ドル	210ドル	43,017ドル	159,467ドル	474,702ドル	1,328,057ドル	3,638,122ドル

ミネラルウォーター1本で、ひと財産が水の泡

（利回り10%と仮定した場合）

水を買う1日の平均額	1カ月でいくらになるか	10年	20年	30年	40年	50年
1ドル	30ドル	6,145ドル	22,781ドル	67,815ドル	189,722ドル	519,732ドル

65歳までにミリオネアになるには、1日いくら貯金する必要があるか？

65歳までに100万ドル貯めるために推奨される、日／月の投資額

年利10%

開始年齢	1日の貯金	1カ月の貯金	1年の貯金
20歳	4.00ドル	124.00ドル	1,488.00ドル
25歳	6.00ドル	186.00ドル	2,232.00ドル
30歳	10.00ドル	310.00ドル	3,720.00ドル
35歳	16.00ドル	496.00ドル	5,952.00ドル
40歳	26.00ドル	806.00ドル	9,672.00ドル
45歳	45.00ドル	1,395.00ドル	16,740.00ドル
50歳	81.00ドル	2,511.00ドル	30,132.00ドル
55歳	161.00ドル	4,991.00ドル	59,892.00ドル

この表は、65歳までに100万ドル貯めるために、
日／月／年にいくら貯金する必要があるかを見るためのものです。
利回り10%での運用を想定しています。

資料：表

月に100ドル預けた場合の貯蓄の伸び

利回りしだいで、たった月100ドル有利子口座に預けて複利の力に任せれば、
驚くほど大きな額の貯金になる。

利率	5年	10年	15年	20年	25年	30年	35年	40年
100ドル/月を2.0%で投資	6,315ドル	13,294ドル	21,006ドル	29,529ドル	38,947ドル	49,355ドル	60,856ドル	73,566ドル
100ドル/月を3.0%で投資	6,481	14,009	22,754	32,912	44,712	58,419	74,342	92,837
100ドル/月を4.0%で投資	6,652	14,774	24,691	36,800	51,584	69,636	91,678	118,590
100ドル/月を5.0%で投資	6,829	15,593	26,840	41,275	59,799	83,573	114,083	153,238
100ドル/月を6.0%で投資	7,012	16,470	29,227	49,435	69,646	100,954	143,183	200,145
100ドル/月を7.0%で投資	7,201	17,409	31,881	52,397	81,480	122,709	181,156	264,012
100ドル/月を8.0%で投資	7,397	18,417	34,835	59,295	95,737	150,030	230,918	351,428
100ドル/月を9.0%で投資	7,599	19,497	38,124	67,290	112,953	184,447	296,385	471,643
100ドル/月を10.0%で投資	7,808	20,655	41,792	76,570	133,789	227,933	382,828	637,678
100ドル/月を11.0%で投資	8,025	21,899	45,886	87,357	159,058	283,023	497,347	867,896
100ドル/月を12.0%で投資	8,249	23,234	50,458	99,915	189,764	352,991	649,527	1,188,242

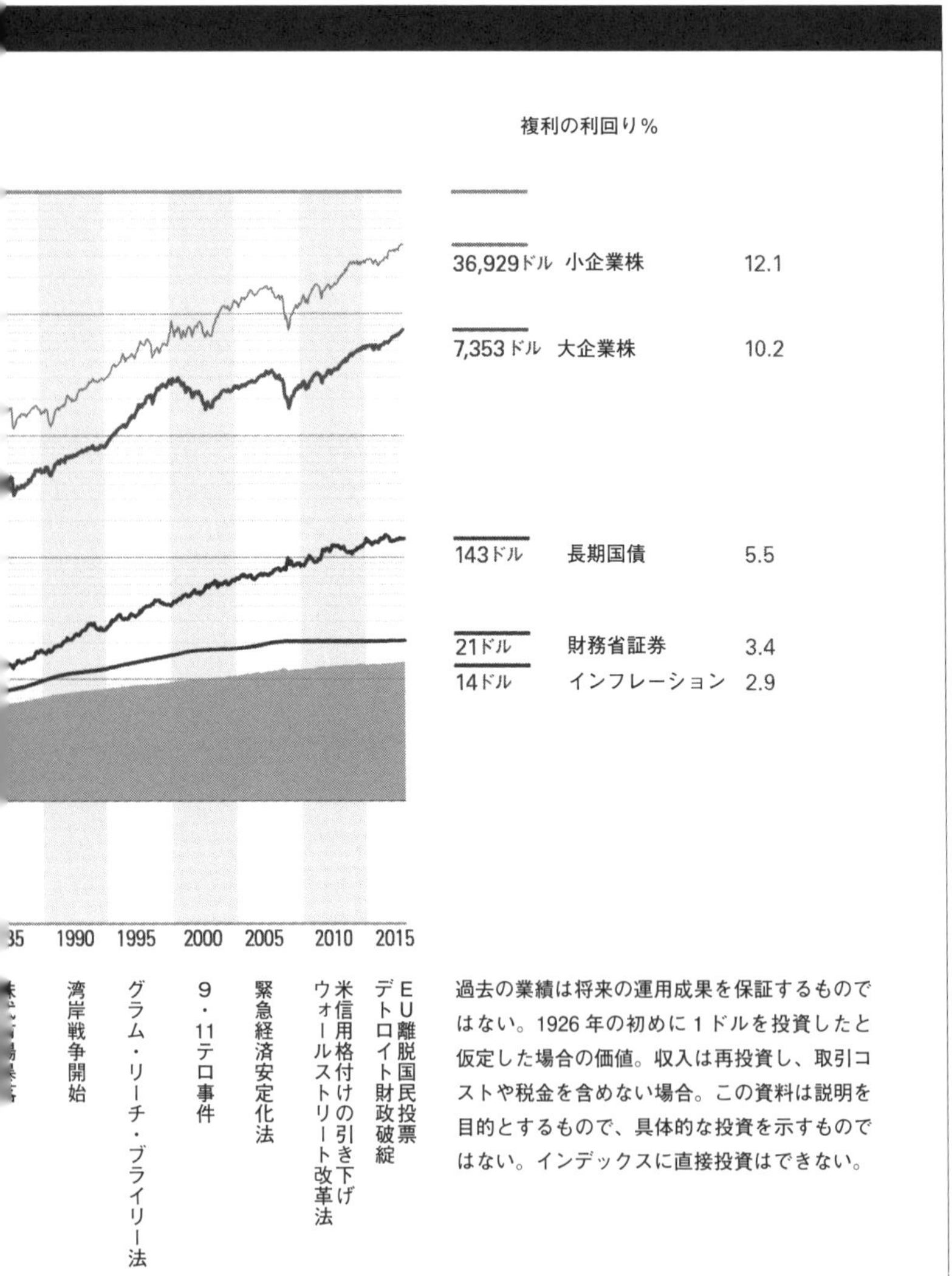

過去の業績は将来の運用成果を保証するものではない。1926年の初めに1ドルを投資したと仮定した場合の価値。収入は再投資し、取引コストや税金を含めない場合。この資料は説明を目的とするもので、具体的な投資を示すものではない。インデックスに直接投資はできない。

利回り10%は無理だと言うのは誰？

株式、債券、証券、および、インフレーション　1926-2017

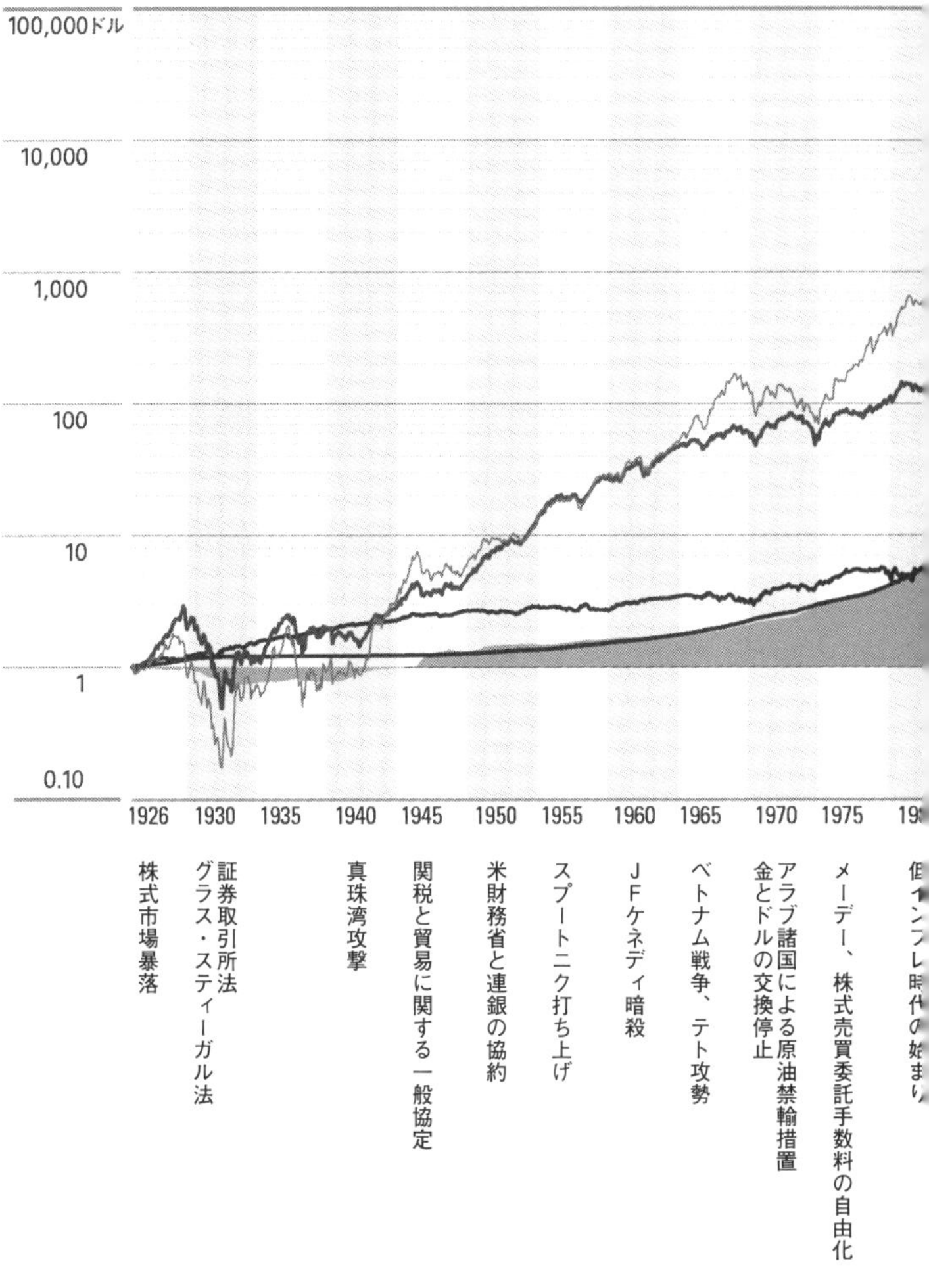

基礎資料は『Ibbotson SBBI Yearbook』（Roger G. Ibbotson and Rex A. Sinquefield著）より。毎年更新。2414880

ラテ・ファクター・チャレンジ

_____月 _____日 _____曜日

	品目： 買ったもの	費用： 使った額	無駄遣い？ （無駄遣いなら√）
1			
2			
3			
4			
5			
6			
7			
8			
9			
10			
11			
12			
13			
14			
15			

ラテ・ファクターの総額（チェックした品目の総額）

＝ [　　　　　]

ラテ・ファクター計算表

1日のラテ・ファクター	=	＿＿＿＿＿＿	
1カ月のラテ・ファクター	=	＿＿＿＿＿＿	（ラテ・ファクター× 30）
1年のラテ・ファクター	=	＿＿＿＿＿＿	（ラテ・ファクター× 365）
10年のラテ・ファクター	=	＿＿＿＿＿＿	（ラテ・ファクター× 3,650）

ラテ・ファクターを投資したら：

10年でいくらになるか	=	＿＿＿＿＿＿＿＿＿＿
20年でいくらになるか	=	＿＿＿＿＿＿＿＿＿＿
30年でいくらになるか	=	＿＿＿＿＿＿＿＿＿＿
40年でいくらになるか	=	＿＿＿＿＿＿＿＿＿＿

ラテ・ファクターを計算する

上記の数字を計算するには、www.davidbach.comのLatte Factorをクリックして、the Latte Factor calculatorを使用してください（英語のみ）。

デヴィッド・バックからのプレゼント！

ラテ・ファクターを共有して、ラテ・ファクター・マグをもらいましょう。このチャレンジを実行して、どんなことがありましたか？　どれくらい節約することができましたか？　あなた自身が体験したラテ・ファクターのストーリーをEメールでsuccess@finishrich.comまでお寄せください。応募者のなかから毎週1名の方にラテ・ファクター・マグをプレゼントします。

ダブル・ラテ・ファクター・チャレンジ

ダブル・ラテ・ファクターを計算すれば、毎日の出費だけでなく、週、月、季節、年といった単位での出費を把握できます。これを見れば大小の品目がわかり、削ったり減らしたりして大きな節約ができます。

	品目、または、サービス	費用	無駄遣い?		節約できた額	月に節約できた額
	買ったもの、あるいは、買うもの	使った額、あるいは、使う額	なくてもいいものに✓	減らせるものに✓	YをすればXだけ減らせる!	
品目の例	ベーグルのクリームチーズサンドとコーヒー(小)	3.50ドル		✓	家で食べれば2ドル	60ドル
サービスの例	妻と自分の携帯	200ドル/月 すべての追加料金込み		✓	サービス・プランを変更すれば50ドル/月	50ドル
1						
2						
3						
4						
5						
6						
7						
8						
9						
10						
11						
12						
13						
14						
15						

ダブル・ラテ・ファクター(月に節約できる総額)	ドル

謝辞

　まず、心からのありがとうを読者のみなさんに。みなさんが愛情と励ましを持ち、私の著作に興味を示してくれることがなかったら、私が人生でやってきたことは何ひとつ実現しませんでした。去年、イベントで各地をまわったとき、何千人もの読者のみなさんにお会いして、それぞれのストーリーを聞けたことをたいへん光栄に思っています。みなさんがいてくれることに、本当に感謝しています。

　この本を生み出す核となってくれた人々にも感謝の言葉を。敏腕エージェントのジャン・ミラーとレイシー・リンチへ。20年ですよ。まだやってるんですよ、私たち！　私と、この本のメッセージを信じて、居場所を見つける手助けをしてくれて、ありがとう。そして、代理人のスティーヴン・ブライマーへ。20年間、私を守り、指導し、気遣ってくれてありがとう。あなたという代理人になしには、これまで私のしてきたことは、何ひとつ実現しませんでした。

世界最高の共著者、ジョン・デイビッド・マンへ。10年以上にわたって、私がこの本の話をするのに耳を傾けてくれてありがとう。そして、やっと私に準備ができたとき、ふたりでやれると信じてくれてありがとう。ともにこの本に取り組むことは、真に創造の喜びでした。こらからもがんばりましょう。

エイトリア／サイモン&シュスター社の出版チームにもありがとうを。編集者のセーラ・ペルツへ。この物語に惚れ込んでくれた、この本の立役者。親身に面倒をみてくれてありがとう。出版社のリビー・マグワイアとエイトリア・チームのみなさん、スザンヌ・ドナヒュー、リンジー・サグネット、クリスティン・ファスラー、ダーナ・トロッカー、リーサ、スキアンブラ、ミレイナ・ブラウン、メラニー・イグレシアス・ペレツへ。これまでしてくれたすべてのことに、そして、この本が世界を揺るがす1冊になるよう、これからしてくれるすべてのことにありがとう。

パウロ・コエーリョへ。ジュネーブのディナーでグラスを傾けながら「デヴィッド、次は何を書くんだ?」と聞いてくれました。この本を書く夢を話したら、あなたはにっこり笑って「なら、デヴィッド、その本を書かなきゃ!」と言ってくれましたね。あのときの屈託のない笑顔と誠実な表情がこのページにつながったことを、あなたは知らないでしょう。あの晩のこと、そして、勇気を与えてくれるあなたの著書『アルケミスト』に、感謝の気持ちを忘れることはありません。

最後に、私の家族にも。祖母のローズ・バックへ。おばあちゃんの創造力と愛情がいまあるキャリアと人生につながりました。毎日、あなたのことを思い出します。両親のボビー＆マーティ・バックへ。常に私を励まし、「いつ『ラテ・ファクター』を書くの？」と問いかけてくれたふたり。いつも見守っていてくれてありがとう。父さんと母さんは私にとって、本当に最高の両親です。妻のアレイシア・ブラッドリー・バックへ。一緒に新しい人生を歩もうと言った私に、きみが「イエス」と答えてくれた――あの日が、私の人生で最も幸運な日です。きみもまた、10年間ずっとこの本の話を聞いてくれました。一度も「もし」とは聞かず、「いつ」と言って！　かけがえのない愛情をありがとう。ふたりの息子、ジャックとジェームズへ。きみたちの父親であることは、人生最大の喜びです。この本は、ふたりがまず最初に読むことになると思います。いつも、自分の心と「リトルボーイ」に耳を傾けて、夢に向かって進んでください。息子たちよ、悔いを残すな。父さんは、いつもふたりを見守ってるよ！

訳者あとがき

本書は、いま全米で最も信頼される金融のエキスパート、デヴィッド・バックが、10年の構想期間を経て書き上げた待望の一冊です。投資教育の第一人者として、バックが25年以上にわたって伝えてきた「お金の心配をせずに真に豊かな人生を送れるようになる方法」が、数字が大の苦手という人でもすらすら読めるように、ひとりの女性の物語に託して語られます。

主人公は、マンハッタンで旅行雑誌の編集補佐《アソシエート・エディター》として働く27歳のゾーイ・ダニエルズ。華やかな肩書きとは裏腹に、家計はいつも火の車で、焦燥感から悪夢にうなされる毎日を送っています。あるとき、ゾーイは、行きつけのコーヒーショップで働くヘンリーという初老の男性から「お金の心配がなくなる三つの秘訣」を教わることに――。その後、まわりの人たちの助けも借りながら、ゾーイは少しずつ「自分にとって本当に大切なもの」を見つけていきます。

この物語の魅力のひとつに、舞台となるニューヨークのオフィスや街角の情景が垣間見られることがあります。日本人にはあまりなじみのない言葉も出てきますが、翻訳にあたっては作品の雰囲気を感じとってもらえるような言葉をあえて選ぶようにしました。余談ですが、著者の姓バックは英語では作曲家の「バッハ」と同じ表記です。登場人物のヘンリーに「ハイドン」と名づけたのは、著者の密かな遊び心でしょう。

さて、この著者の分身ヘンリーが指摘するとおり、バックの伝える三つの秘訣は、実は誰でも一度は聞いたことがあるようなシンプルな内容です。実際、最初のふたつの秘訣の具体策である「自分の将来のための貯金」や「自動引き落としの設定」は、すでに実践している人も多いかもしれません。

にもかかわらず、本書が世界中で共感を呼び、金融の専門家も含めた幅広い層から支持を得ているのは、「いまをリッチに生きる」という第三の秘訣が人間に対する根源的な問いかけと固く結びついているからではないでしょうか。「自分にとって本当に大切なものは何か」というこの問いは、世代を越え、金融に関する知識の有無を越えて、私たちひとりひとりの心に深くしみ込んできます。目先のことに精一杯で、向き合う余裕のなかった自分の人生の行方について、ちゃんと考えてみようよ、と語りかけるようにして。

そしてまた、ゾーイとともにこの物語をたどるうちに、三つの秘訣を実践するための原動力となる「三つの力」の存在にも気がつくはずです。ゾーイは、あるがままの自分を受け止め、まわりの人の話に素直に耳を傾け、迷いながらも最後まで投げ出さずに自分の頭で考えて答えにたどりつきます。「正直になり」「素直に聞き」「自ら答えを出す」――虚栄心や同調圧力があふれる現代社会で、この三つの力がどれだけ大きな意味を持つかについても、この物語は教えてくれます。

物語の冒頭には9・11テロの慰霊碑が登場します。何千もの命が人生の途中でふいに絶たれたあの事件から20年が経ち、世界がコロナ禍を生き抜こうとする現在、『ラテ・ファクター』に込められたこのメッセージは、どの時代にも増してひしひしと私たちに伝わってくるのではないでしょうか。

末筆になりましたが、本書の翻訳を舞台裏で支えてくださった、双葉社の杉山榮一さん、株式会社リベルのみなさんに心からお礼を申し上げます。

本書が、読者のみなさんにとって、真に豊かな人生への扉となりますよう。

２０２１年10月
岡久悦子

デヴィッド・バック（David Bach）

現在、全米で最も信頼を寄せられる金融エキスパート兼ベストセラー作家。著作のうち10冊がニューヨークタイムズ紙ベストセラーに連続ランクインし（うち2冊はランキング1位）、11冊がナショナル・ベストセラーに輝き、19を超える言語で累計700万部以上が発行されている。空前のナンバー1ベストセラーとなった『The Automatic Millionaire』（邦訳『自動的に大金持ちになる方法――オートマチック・ミリオネア』白夜書房）は、13週にわたってニューヨークタイムズ紙ベストセラーリストに載りつづけた。4冊の著作が同時にウォール・ストリート・ジャーナル紙、ビジネスウィーク誌、USAトゥデイ紙のベストセラーリストに登場した、稀代のビジネス書作家。

過去20年以上にわたってセミナーや講演やメディア出演に取り組み、何千万もの人々に影響を与えてきた。NBCのTodayにも100回以上出演。『オプラ・ウィンフリー・ショー』をはじめ、ABC、CBS、Fox、CNBC、CNN、Yahoo!、The View、PBS、ほかにも多数の番組にレギュラー出演している。

FinishRich Mediaの創設者であり、国内トップクラスの急成長を遂げている登録投資顧問業者・AE Wealth Managementの共同創設者でもある。世界各地で定期的に「リッチな人生を送る方法」についての講演を行っている。仕事以外で好きなのは、ふたりの息子とスキーをすることと、家族で旅をすること。

詳しくは、www.davidbach.com（英語）参照。

ジョン・デイビッド・マン（John David Mann）

世界中で愛読されるビジネス書『The Go-Giver：A Little Story About a Powerful Business Idea』（邦訳『あたえる人があたえられる』海と月社）の共著者。本書は、28カ国語で読まれ、100万部近い売り上げを誇る。アクシオム・ビジネスブック・アワードで金賞受賞。リビングナウブック・アワードでも「世界の変化にポジティブな影響を与えた」という理由でエバーグリーン賞を受賞している。
『The Go-Giver』シリーズをボブ・バーグと共同執筆しているほか、3冊のニューヨークタイムズ紙ベストセラー、4冊のナショナル・ベストセラーの共著がある。『Take the Lead』（元ホワイトハウスのアドバイザー、ベッツィー・マイヤーとの共著）は、ワシントンポスト紙のトム・ピーターズに「2011年で最高のリーダーシップ・ブック」と称された。

ハイスクール時代には学校の改革を目指すグループのリーダーを務め、その後はチェロ奏者としてコンサートで活躍、作曲家として受賞した経験もある。90年代には、10万人以上の従業員を擁する数百万ドル規模の販売組織を立ち上げ、執筆、出版業に携わるようになる。共著作は、30を超える言語で300万部以上を売り上げている。妻はアナ・ゲイブリエル・マン。自分のことを世界一幸運な男だと思っている。

詳しくは、www.johndavidmann.com（英語）参照。

【訳者】

岡久悦子（おかひさ・えつこ）

ロンドン大学バークベック・カレッジで応用言語学修士号取得。言語教育、教員養成に携わる。訳書に『バナナ王サミュエル・ザムライ伝』（パンローリング）、共著書に『Gamba're!: The Japanese Way of the Rugby Fan』（G-chan Press）がある。英国ノーフォークの水郷地帯で暮らす。

ラテ・ファクター
1日《にち》1杯《はい》のコーヒーで人生《じんせい》を変《か》えるお金《かね》の魔法《まほう》

2021年11月21日　第一刷発行

著　者　デヴィッド・バック
ジョン・デイビッド・マン
翻訳者　岡久悦子《おかひさえつこ》
発行者　島野浩二
発行所　株式会社双葉社
〒162－8540　東京都新宿区東五軒町3-28
[電話]03-5261-4818（営業）03-6388-9819（編集）
http://www.futabasha.co.jp/
(双葉社の書籍・コミック・ムックが買えます)
印刷・製本　中央精版印刷株式会社
装　丁　宮古美智代

ISBN 978-4-575-31674-2　C0076　Printed in Japan